西本あつし

――「平和行進」をはじめた男

目次

6　おわりに　209

＊西本あつしの呼称について。戸籍上は「西本敦」であるが、本書では多くの人たちから親しまれた「西本あつし」としたい。文中「西本」になったり、「あつし」になったりするが、文章上の工夫であり、他意はない。

はじめに

　二〇二三年、原水爆禁止国民平和大行進の東京から広島コースの出発式が、五月六日、東京江東区の夢の島で開催された。コロナ禍のなか四年ぶりに再開された東京から広島コースの通し行進者は、被爆二世の村上厚子さんらである。私は六月二三日に京都府宇治市から城陽市コースを歩いた。核兵器廃絶を唱えながら、六五年前たった一人で広島から東京に向けて歩いた人がいた。滋賀県の東近江市を通るコースはその人が歩いた道である。若くして群馬県伊勢崎市で亡くなった、高知市出身の平和運動家・西本あつし日本山妙法寺僧侶（行進当時は還俗して「信者」）である。あつしのさまざまな非暴力・平和運動の圧巻は、たった一人で始めた平和行進だろう。一九五八年六月二〇日に広島を発った彼の歩みは、東京に着く頃には一万五千人の歩みになっていた。のべ参加者数は百万人ともいわれる。

　西本あつしの三六年の短くも激烈な生涯を支えたのは、高知県立鏡川学園（教護院。現在の児童自立支援施設）指導員としての「戦争孤児」たちとの生活体験と、日本山妙法寺僧侶として非暴力・平和主義で闘った、一九五〇年代の内灘、妙義山、砂川闘争をはじめとする米軍基地反対運動であった。高知市郊外の小さな村の貧しい母子家庭に育ち、大黒柱になるはずだった兄を戦争で失ったあつしは、戦争を憎み、全生涯をかけて信仰と不可分の非暴力による反戦運動に力を注いだ。

高松市の山内豊は二〇一六年六月一七日付の新聞投書で「当地の香川医療福祉生協、高松東ブロック平和社保委員会の主催で、平和行進のドキュメンタリー映画『一歩でも二歩でも』を見ることができた。すばらしかった。私もここ何年かは、少しではあるが歩いている。しかし、平和行進が始まったいきさつについては無知だった。それがこの映画でわかった。一九五八年、西本敦さんが広島から東京まで歩いたのが始まりという。〝人間の叡智《えいち》が作り出したものが人を殺す核兵器。ならば私は歩くという原始の行為で異を表す〟――そんなことばがあった。これは詩だ。行動する詩である。広島から東京まで歩いてきた西本さんを、約一万五千人の人たちが迎える映像には体が震えた」と書いている。

ここ数年、コロナ禍ではあったがオンラインまたはリアルでの平和問題についての講演が毎月のようにあった。どの講演でも西本あつしのことを話すようにした。また勤務する大学の授業でもあつしのことをとり上げた。六〇年以上前に亡くなったあつしについての私の話がどう受け止められるか心配したが、これは杞憂に終わった。ウクライナ情勢や台湾問題、旧統一教会など宗教をめぐる問題などが現実に起こっており、あつしの非暴力平和主義や宗教家としての生きざまが今を生きる人びとの大きな関心を呼んだのである。

なぜ西本あつしは歩くこと（原始の行為）で平和を訴えようとしたのか、なぜ多くの人はあつしの行為に共鳴し、行進に参加していったのかなどを、ぜひ知りたいと思ったことが、本書を書こうとした一番の動機である。同時に書きながら、あつしの無垢さと無邪気さ、不屈さに励まされることが多かったことも記しておきたい。あつしの活動した一九五〇年代はどんな時代だったのか、それは空前の大衆運動となった六〇年安保闘争にどうつながったのか、本書を通じて少しでも伝われば、著者として無情の喜びである。

序章　〝どんつくさん〟が来た

群馬県碓氷郡（現在の安中市）松井田町は、妙義山麓を通る中山道にある小さな宿場町である。一九五四年一〇月三一日、私はこの町で生まれたのであるが、この時期、妙義山米軍基地建設反対運動は支援者と山間の恩賀《おんが》集落（基地建設予定地）の人たちとの連帯のなかで大きな盛り上がりを見せていた。筆者の父・本庄晶は当時三九歳、この運動のリーダーであった。

労働組合員や学生など支援者たちは、幹線道路から分かれて恩賀集落に向かう道の途中にある千駄木《せんだぎ》遺跡（縄文時代の洞窟）に泊まり込み、基地建設の測量隊の通行を阻止しようとした。その遺跡前で撮られた写真が残されている（**写真1**）。この写真の存在を教えてくれたのは久保田貢氏（愛知県立大学）だった。右から本庄晶[注1]、西本あつし（敦）、佐俣登[注2]。米軍基地反対運動勝利を記念して撮影したものか。服装から冬であることがわかる。一九五〇年代に日本各地で澎湃として起こった米軍基地反対闘争に参加した僧侶西本あつしは、テントや掘立小屋に一

写真1　妙義山恩賀集落に向かう道の途中にある千駄木遺跡（縄文時代の洞窟）前で撮影。右から本庄晶、西本あつし（敦）、佐俣登（菊地定則『群馬の平和運動』群馬県平和委員会、一九七一年）。

【注1】一九四九年、レッド・パージで高崎商業高校の教壇を追われる。職場復帰の裁判闘争を行ないつつ、五〇年に高崎民科学園を創設、校長・講師として労働

人で暮らし、地元の人びとを励まし続けた。

この洞窟について、吉田法晴北九州市長（当時）は「西本坊主の思い出[注3]」のなかで、こう書き残している。

初め恩賀部落の人が外からの応援を受付けないので、（＊西本坊主は）部落の下の沢の岩陰に雨露をしのぐ庵を結んで部落に出入りし、応援組織が出来るまでの相談相手、助言者、そして指導者の役割を果たした。

埼玉に住む、七歳年上の姉に電話してみた。姉はそのころ小学校二年生だった。

「日本山妙法寺の西本あつしさんが黄色の法衣で家に来たのを覚えている？」

「覚えているわ。西本さんが近づいてくるとうちわ太鼓の音が聞こえてくるから」

「〝とんとんつくつくとんつくつ〟だよね」

姉は西本を「とんつくさん」と勝手に呼んでいた。ちなみに西本あつしの母は息子がお題目「南無妙法蓮華経」を唱えるので、「なんみょうさん」と呼んでいた。

西本あつしの名を全国に知らしめたのは、妙義山米軍基地反対闘争から四年後、一九五八年六月二〇日に原水爆禁止を求め、たった一人で広島から東京への平和

者教育にあたる。民科学園の詳細は不明だが、一九四六年に創立された民主主義科学者協会（民科）と同名なので、民科に参加した学者たちが講師となったのだろう。民科は一九五〇年頃には百を越える地方支部、一万人近い会員を擁し、日本の言論界に大きな影響力をもった。同年、本庄晶は日本共産党群馬県碓氷地区委員長、続いて県委員会文化部長（兼務）となり、専従生活に入る。レッド・パージについては注11参照。

【注2】松井田町の社会運動家。町長選挙にも立候補した。二人の娘さんは私の遊び相手だった。

【注3】菊地定則編『平和の戦士　西本あつし氏追悼録』群馬県平和委員会、一九六四年。

行進を開始したことである。二か月近い行進は東京に着くころには約一万五千人に膨れ上がり、のべ百万人が行進に参加したと当時の新聞で報道されている。西本に共感した人びとが核兵器廃絶を求め沿道を埋め尽くした。

西本はマハトマ・ガンディーなどにつながる、非暴力平和主義の宗教家だった。奇しくも二〇二三年五月二〇日、G7サミット招待国インドのモディ首相によって、広島の平和記念公園にガンディーの胸像が除幕された。

本書中に掲載した西本あつしの「平和行進日記一　広島~東京」(一九五八年六月二〇日~八月一一日)は、一部が『中央公論』に掲載されたものだが、全文が市販書のなかで取り上げられるのは初めてである。「平和行進日記二　与論島~広島」(一九五九年六月一九日~八月四日)や遺稿「妙義の闘いの勝利の要因はなにか」(三章、一九五五年四月「日教組教育情報」掲載)と合わせてお読みいただくと、西本の思想や哲学が深く理解できるであろう。「平和行進日記」をはじめ、本書中に引用する資料(手紙、冊子、パスポートなど)を長く保管してきたのは西本あつしのご遺族(養女・宇津野ユキさん)である。また西本あつし関係史料を冊子として残してくれた菊地定則さん、関係者の皆さんに深く感謝したい。その多くはすでに鬼籍に入られた。

西本あつしを語るときに、必ず参照される本がある。島内一夫『西本あつし覚書—ある平和運動家の生涯』(土佐出版郷土文庫、一九八九年)である(以下『覚書』）。島内は「あとがき」に「小説というには書き足りないし、伝記とするには材料調べが行き届いていない」と記している。たしかにどこまでが小説でどこまでが事実なのか、困惑させる。たとえばこんな記述がある。

また戦争中になると（西本あつしの＊筆者）兄が兵隊にとられ、何処の戦地でどんな死にかたをしたのか分からないが、戦死してしまっている。

私が入手した西本家の戸籍謄本によれば、あつしの兄の名前は「精哉」で大正一一（一九二二）年一〇月一七日に大阪市東区清水谷西ノ町三〇番地において出生した。戦死は昭和二〇（一九四五）年一月二一日時刻不明、南部ニューギニアワイゲオ島。戸籍謄本を見ていない島内が「何処の戦地でどんな死にかたをしたのか分からない」と書いたのは、ある意味では正直だった。島内はしばしば「私が今回調べた限りでは分からない」「昔の西本家のことについては私の調べはほとんど届かなかった」などと書き、わからないことはわからないままという姿勢をとっている。なお、西本あつしの書いた「平和行進日記」によれば、「高槻は、南の島で戦死した兄がながく住んでいた土地」とあるので、兄・精哉は大阪市に生まれたことがきっかけで、その後高槻に就職した可能性がある。

『覚書』のどこがフィクションなのだろうか？　おそらく『覚書』中の会話の

部分であろう。会話の部分をとばして読むと、後年に西本を研究する私たちが困らないよう、島内なりに叙述を工夫している様子がわかる。島内は資料が不足していることを『覚書』に率直に記しているからである。それでもあえて出版したのは、西本のことを後世に残すためである。

この作品は同人誌「山河」に載せたものだが、ふたたび土佐出版社によって刊行されることになった。私としては、西本あつしほどの人物でも年月を経るにつれて人々の記憶から薄れていくなかで、このようなかたちであれ後世にとどめるよすがにでもなれば、と念じている。

島内一夫のことを書いておこう。『覚書』奥付の「著者略歴」には「一九二〇年、南国市に生まれる。西本あつしより五歳年上である。東洋大学哲学科卒。戦後、『昼夜』創刊。教員、画廊経営を経て、現在、『山河』主宰」とある。一九九四年八月下旬の『高知新聞』に島本一夫の「戦争体験」が語られている（当時七四歳）[注4]。

これで戦争が終わる。うれしかったなあ。とにかくうれしかった（南国市、島内一夫さん）

【注4】https://www.kochinews.co.jp/article/detail/389529

一九四三年に文科系学生の徴兵猶予が停止され、多くの学生が任用される中、志願しなかった。東洋大で学んでいたニーチェの「生の哲学」や、既に生まれていた長男の存在を支えに、戦争を拒否していた。

四四年六月に高知市朝倉の営舎に二等兵として召集され、「志願拒否」について取り調べを受けた。「反戦思想の持ち主」となじられたが、幸い処罰はなかった。高熱で入院したことから除隊。玉音放送を聞いた時、家の裏に回って誰もいない所で小躍りした。

一九八九年、「覚書」は第二三回椋庵文学賞[注5]を受賞する。『高知新聞』（一九九〇年二月、日付不詳）は六七歳になった島内一夫の写真とともに彼の経歴を紹介している。

島内さんは元高校教諭で文芸同人誌『山河』の編集発行人。これまで数十作の小説を書いてきたが、初めての単行本となった同書での受賞となった。西本とともに平和運動に参加した経験をもち、「受賞をきっかけに、忘れ去られそうな西本さんを高知で見直してもらえたらと思う。一途に生き抜いた男を一気に読み通せるように書きたかったが、その点では満足のいく出来だったと思う」と話している。

【注5】高知県在住者がその年に発表した文学作品を対象とした賞。

島内一夫は西本あつしの身近にいて、その思想や生き方に共感していた。まずは『覚書』を手がかりにするとともに、さまざまな史料や写真[注6]で補完し、みずからを語ることの少なかった西本の足跡をたどってみよう。

【注6】西本あつしの足跡を追うなかで、彼の写った写真を発見することは事実の確定という点で重要だった。とりわけ日本山妙法寺関係写真や鏡川学園の写真に西本の姿を見つけたときには、声をあげるほど感激した。

一章　敗戦からの出発

生い立ち

西本あつし（敦）は一九二五（大正一四）年一月二三日、高知県土佐郡朝倉村朝倉乙四百七九番地イ号地に生まれた。父は西本物部、母は竹寿。生家の北には路面電車の曙町駅があり、南には旧日本陸軍歩兵第四四連隊の兵営があった。現在、兵営跡地は大部分が高知大学朝倉キャンパスとして使用されている。

遺族が保管していた資料のなかに少年時代の西本あつしの写真が一枚見つかった（**写真2**）。写真の裏には「一五才　昭和十四年三月　高二　卒業の時」とある。四角い特徴あるあつしの字である。高二とは尋常小学校高等科二年生のこと。現在の中学二年生にあたる。卒業記念に写したのであろう。まじめで意思の強そうな少年の面影がある。あつしが卒業後どのような仕事に就いたのかは不明だ。横浜で過ごしたという記録（菊地定則編「平和の戦士　西本あつし氏追悼録」一九六四年、群馬平和評議会）もあるが、なぜ横浜に行ったのかは確認できていない。

写真2　15歳の西本あつし（遺族所蔵）

小学校六年生の担任・大野長一は西本あつしについて、「これと言って成績がよい子でもない、体が大きくて腕力があるのでもない。むしろ目立たない普通の生徒の部類だった。強いてあげると、図画と作文には少し優れたところがあった」（『覚書』）と語っている。あつしは三歳で父を亡くしているので、小学生のときは母子家庭だった。後述するが、大野はのちに自立支援施設（当時の名称は教護院）高知県立鏡川学園の園長となり、あつしを施設職員として雇うことになる。

西本あつしの家族について、戸籍謄本をもとに書き留めておこう。あつしの母・竹寿（明治三一年八月鏡村に生まれる。旧姓杉本）が西本物部と結婚したのは一九二一（大正一〇）年八月で、翌二二年一〇月には兄・精哉が生まれている。精哉は大阪市東区清水谷出生となっているので、物部・竹寿夫婦は物部の実家のある朝倉村から離れ、大阪で生計を立てていたことになる。

あつしが高知県土佐郡朝倉村で呱々の声をあげたのは、前述したように一九二五（大正一四）年一月であり、この時期、西本物部・竹寿夫婦は物部の実家（朝倉村）に戻る。竹寿の母・與喜（明治三年生）が同居するようになったのはいつかわからない。與喜が朝倉村で亡くなるのは戦後の一九五〇（昭和二五）年七月のことである。

あつしの妹・三和《みわ》の誕生は一九二八（昭和三）年八月八日。父・物部は娘の誕生を見ることなく同年七月三一日にこの世を去っている。三歳になっていたあつしも父のことはあまり覚えていなかっただろう。三和は生まれながらに股関節に障害があり、不自由な歩き方をしていたという。「妹の足のことは、女だからよけい気にしている。手術でよくなるものなら、治してやりたい」とあつしは語っていた（『覚書』）。

尋常小学校高等科卒業後、あつしがどんな仕事に就いたかは不明である。屈強な体躯はこの時期につくられたとすれば、肉体労働に従事していたのだろうか。あつしはこの時期に酒の味を覚えたのだろう。酒乱することはなかったが、酒はあつしの身体を蝕むことになる。

一九四五年一月一〇日、あつしは入営する。同月二一日、兄・精哉はニューギニアのワイゲオ島で戦死している。八月一五日の敗戦前の七月四日、高知市中心部は米軍の空襲で焼け野原となった。この高知大空襲の死者は四〇一人、行方不明者は二二人だった。翌年一二月二一日、南海地震が発生。高知県の海岸には六メートルもの津波が押しよせ、地震と津波により六七九人が死亡または行方不明となった。高知は疲弊しきっていた。あつしが復員したとき、母は祖母（あつしの父の実母）、あつしの妹の三人で暮らしていた。たぶん祖母がまだ元気だったからだろう、街はずれの焼け残りの建物を利用した銀行の独身寮の炊事係となった母は、あつしの妹とともに実家を出て寮の四畳半の部屋に住み込むことになる。

あつしの居場所はなかった。

女手一つであつしと足の不自由な妹・三和を育ててくれた母への強い思いは、生涯あつしの胸から去ることはなかった。鏡川学園でも米軍基地反対闘争でも、あつしは女性たちに心を込めて接した。あつしは自覚していないが、そのことが運動の局面を切り開く力にもなった。母と妹のいる銀行の寮からは一刻も早く出て、あつしは自立せねばと考えていた。そんな時に声をかけてくれたのが大野長一だった。

恩師・大野長一

少年期から青年期にかけて、西本あつしに大きな影響を与えたのが大野長一である。

大野長一は一九〇八年、高知市五台山に生まれた。大野は生家について「私の家は仏教の家であります。郷里は五台山の竹林寺の下で、私は貧しい家に生まれました。しかし、私の祖母は仏教の信仰心の非常に深い人でありました」(『子どもを拝む――大野長一著作集』飛鳥出版堂、一九九二年)と書いている。一九三〇年に高知県師範学校専攻科を卒業し、小学校教員となる。六年後、朝倉尋常小学校六年になった西本あつしを担任する。その後、大野長一は一二年間の小学校教員を終え、一九四二年、高知県立鏡川学園長となった。敗戦後には西本あつしをこの学園の用務員として迎え入れる。

『子どもを拝む』には「西本敦君に」と題する文章がある。西本に関する数少ない文献なので一部を転記したい。

西本君、君のことを思い出そうとすると、私にはやっぱり一番先に鏡川学園時代の君の姿が目の前に出てくる。

家の息子達は君のことを弁慶と言い、家内と娘達は金太郎さんと呼び、私は子路[注7]と云っていた。息子達は君の酒に酔った姿をみて酒呑童子だともいったが、しかしやっぱり親しい弁慶と受け取って、そう呼んでいた。娘達は、君が夏はほとんど裸で、君のお母さんと妹さんの丹精こめた手縫いのある特製のシャツを身につけて、農場で畑仕事をしている姿が金太郎に似ていたので金太郎さんと呼んでいた。

私は論語を読む時、子路が出て来ると、必ず君のことが頭に浮かんでくるので「君は子路のようだ」と言ったものだった。確かに、君は子路に似たところがあった。

いつのころだったか一緒に酒をくみ交わしながら、子路をもって君を呼ぶと、いかにも得意そうであったので、「西本君、論語の先進篇に『由がごときは、其の死を得ざらん』とある。子路よ、お前だけは畳の上で死ねそうにない、と

【注7】「しろ」と読む。孔子門下で『論語』に一番多く登場する。孔子は子路の軽率さなどの欠点を知りつつ、彼を愛した。大野長一は西本あつしと自分との関係を、孔子と子路になぞらえたのだろう。

言って孔子が戒めているが、この孔子の言葉は当たって、子路は後に衛の国の難に死んだのである。君ももっともっと自分の生命を愛惜しなければならないと思うが」というと、君はすなおに、「先生すみません、私の出征の時、日の丸の旗に『不惜身命、惜身命』[注8]と書いて頂いた、との言葉は決して忘れてはいません」と涙を流しながら言ったことだった。

……（中略）……

朝倉の小学校で君を受け持ってから、かれこれ三十年近くになるが、その間同僚として鏡川学園で一緒に苦労したことは、特に思い出が深く、園児よりも君のことで心を痛めたといってもいい。

「園児よりも君のことで心を痛めたといってもいい」という部分については、後述するように、全国的に展開されたレッド・パージが背景にあった。

鏡川学園

鏡川学園の前身は、一九〇五（明治三八）年、高知市西弘小路に開かれた土佐慈善協会感化院である。一九〇九年に感化法[注9]の施行にともない「高知報徳学校」と称した。一九三四年、少年救護法の施行により、県立施設「高知県立鏡川学園」となる。戦後の一九四八年には、児童福祉法の施行で「教護院」として福祉

【注8】不惜身命（ふしゃくしんみょう）仏の道のために身も命も惜しまないこと。惜身命は命や体を大切にするということ。仏道のためには身命を惜しまないが、戦争では身命を惜しむのだと、大野長一は書いたのだろう。

【注9】一九〇〇（明治三三）年に制定された感化院（児童自立支援施設の旧名称）に関する法律。不良行為に及んだ子どもやそうした恐れのある八歳以上一六

活動を行なった。筆者はここ十数年、近畿を中心とする浮浪児（戦争孤児・生活困窮児・家出児・引揚児など）の調査・研究をしてきたが、たびたび鏡川学園の名前を耳にした。全国で一二万人とも言われた浮浪児たちは、駅や闇市などで情報を交流し、列車や連絡船の無賃乗車を繰り返し、高知駅までたどり着いたのである。以下は福井県敦賀市出身の小倉勇さん（以下「イサム」、一九三二年四月一一日生）からの聞き取りである。

イサムは一三歳で敦賀大空襲に遭遇し、母を失う。敗戦後、父は病死し親戚の家に預けられるが、伯母から「親戚というだけで、何で面倒見なければならないんだい」と言われ、その家を飛び出し浮浪児となった。最初はためらいもあったが、生きていくためにはどんな手段を使っても食料を得なければならない。「浮浪児」と呼ばれた孤児たちは、食料を得るために徒党を組み、盗み、置き引き、空き巣など何でもやった。文字通り、弱肉強食の世界だった。

目の悪かったイサムは、一人では何もできない。福井駅からずっと一緒だった山本勇（たぶん偽名）を含む三人でグループをつくった。一歳年下の山本は朝鮮半島出身者ではないかとイサムは考えていた。山本は泥棒の達人だった。どんな窓でも簡単に開けてしまうし、家の中にある金目のものを見つけるのもうまかった。イサムは年長だったが、窃盗などをするときには見張り番の役目

歳未満の少年の感化院への入所や教化について定める。一九三三年に少年教護法に改正され、感化院は教護院に名称変更となる。

を果たした。東京や上野に一年半いた。「山本がいなかったら、ぼくは飢え死にしていたと思います」と年老いたイサムは語っていた。

「長崎の聖母の騎士孤児院に行けば、銀シャリ（白米）が食べられるらしい」

「高知（の鏡川学園）に行けばうまい飯が食える」

こんなうわさを聞いて、東京駅から「薩摩守《さつまのかみ》」を繰り返し、一九四七年の秋、長崎まで行ったこともある。「薩摩守」とは、平家物語に登場する薩摩国（現在の鹿児島県）の国司だった「薩摩守忠度《ただのり》」のことで、無賃乗車（ただ乗り）を意味する言葉であり、当時の戦争孤児たちがよくつかった。冬になると、大阪の西成、神戸の三宮などで食料を求め徘徊した。大阪では寒いので「太陽の家」という孤児院に入ったこともある。その後大阪から京都駅に、二人のイサムは向かった。敦賀を出てから二年近くが経っていた。

「俺のダチの山本は最後（鏡川学園をへて）高知の刑務所に入った」

高知駅から南西に歩くと高知城や高知県庁がある。さらに南に歩けば鏡川が悠々と流れている。鏡川学園に行くために鏡川を渡る最短は柳原橋沈下橋コースである。現在は取り壊されているがゆっくり探してみるとそれらしき遺構は残されている。二〇二二年八月下旬、車に乗せてきた折り畳み自転車を組み立て、川岸を走ってみた。県庁側に設置されていたプレートには以下の写真（**写真3**）と

写真3 柳原沈下橋　わが国最古の沈下橋（跡地に建てられたプレートを撮影）

説明文があった。

我が国最古の沈下橋跡

昭和五〇年の台風五・六号、昭和五一年の台風一七号の連年災で被災し、河川改修の一環で昭和五二年（一九七七年）に撤去された旧柳原橋は、昭和二年（一九二七年）六月一日、当時西本直太郎高知市長のもとで高知県土木課及び内務省への度重なる説得により架橋された、我が国最古の沈下橋である。

当時の高知市土木課吉岡吾一技師（当時二〇歳代、熊本工業高校出身で我が国で最も早く鉄筋コンクリート造の橋梁を建設）により、中国西湖にかかる石造りの沈下橋を参考にコンクリート造の沈下橋を発案され、昭和の百々越前たる清水真澄土木課長が決断し、架橋に至る。

平成一七年三月吉日

高知市職員・教職員有志一同

復員した二〇歳の西本あつしにとって、炊事係の母と足の不自由な妹が暮らす四畳半の銀行の独身寮の暮らしは窮屈だった。西本の脳裏に浮かんだのは、入営前に「惜身命」と認めてくれた大野長一先生の姿だったのだろう。沈下橋を渡り、鏡川学園を目指した。

児童憲章の一文[注10]を表紙に置いたガリ刷りの高知県立鏡川学園要覧（一九五一（昭和二八）年三月一日）がある（**写真4**）。要覧によれば鏡川沿岸への移転は一九一〇（明治四三）年六月のこと。戦後は各地から浮浪児たちが流入し、常時六〇人が在籍していたとされる。職員は園長一名、教護（教員）三名、教母（保育士）一名、書記一名、雇員二名、用人二名とある。雇員とは「官庁、会社などで正式の職員ではなく、事務、または技術的仕事の手伝いなどのために雇った者」であり、いわば非正規雇用ということになる。用人とは庶務をする事務員のこと。おそらく西本あつしは雇員として、大野園長の裁量で雇用されていたのであろう。仕事は用務員である。住まいは園長公舎の一室があてがわれた。大野は西本の教護院指導員として資質を見抜いていた。明るくたくましく、おおらかで、だれとでも打ち解けられるからだ。この性格は生涯変わることはなかった。

要覧に掲載されていた、敗戦の年（一九四五年）から一九五二年までの鏡川学園の入園数及び退園数を一覧にした（**表1**）。敗戦直後よりも数年後の方が入所者が増えていることがわかる。退園の多くは脱走だった。

私が調べた滋賀県の近江学園（当時は滋賀県大津市、現在は湖南市）の記録では、脱走について次のような記述がある。

昭和二二年七月二五日、大津駅で警察の保護を受け、M君（一三歳・男子）

【注10】 児童は、人として尊ばれる。児童は、社会の一員として重んぜられる。児童は、よい環境のなかで育てられる。

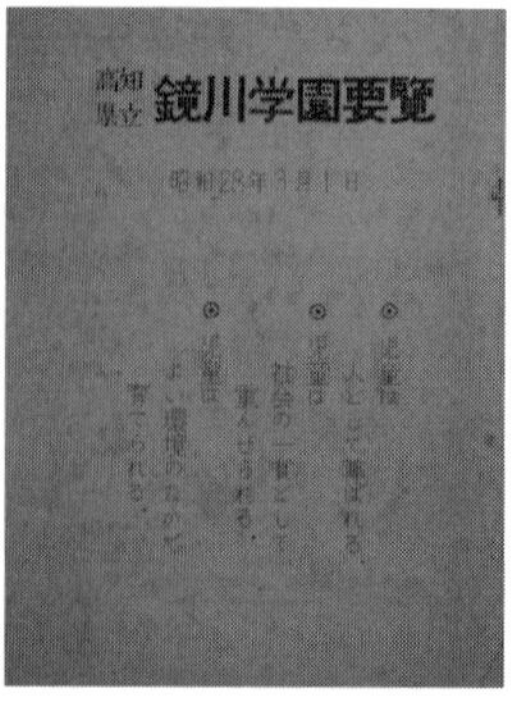

写真4　高知県立鏡川学園要覧（昭和二八年三月一日）（高知県立希望が丘学園所蔵）

が学園にやってきた。「さつまの葉　冷たく光る　朝のつゆ」「月の夜の校庭に鳴く蛙かな」。成績優秀なM君は、来園早々こんな俳句を詠んだ。職員たちは、他の子どもたちと比較して大いに感心した。M君は年上の暴力に耐えきれず、東京の収容所を脱走してきたとのこと。

M君は朝早く起きて廊下を磨き、夜は遅くまで机に座って読書する少年だった。他の子どもたちは、M君を畏敬の目で見るようになった。M君は将来小説家になりたいと言うようになった。

このM君が、来園一年一か月目の昭和二三年八月一七日に、N君を誘い出して脱走し、この四月に中学生になっていた。M君脱走の翌日、珍しく四人の集団脱走があった。その日、M君と一緒に脱走したN君が京都駅で保護されていることがわかった。どうやらMくんは一時保護所の伏見寮にいるらしいとの情報も入った。M君は、住所を明かさずに偽名を名乗っていた。学園にはどうしても帰らないという。それには事情があった。

Mも実は偽名で、本名はHとのこと。戦災孤児と称したのも真っ赤な嘘で、実は両親兄弟のある家出だった。東京の収容所の話も創作だった。M君の母は後妻で、すでに成人していた先妻の兄に後妻であるM君の実母がいじめられたことが原因だったらしい。近江学園に入り、先生方に可愛がられ、仲間には尊敬されているにもかかわらず、自分は嘘をついている。自責の念に苦しめられ

表1　鏡川学園の入園数及び退園数（1945～1952）

	1945	1946	1947	1948	1949	1950	1951	1952	総数※
入園数	10	19	21	31	21	12	11	20	272
退園数	9	12	17	36	19	16	16	16	239

※開園以来の総数

ていたM君だったが、卒業生総代として答辞を読むことになり、戦災孤児の苦しみを綴った答辞に園長はじめ職員、来賓者は涙した。M君は嘘の自分がたまらなく嫌になって、学園を出たのだった。

鏡川学園にはどのような児童が入所していたのだろうか。残念ながら当時の史料は散逸しているため実態は不明だが、大野園長が『子どもを拝む』にこう書き残している。鏡川学園は県立の施設なので、特定の宗教教育を行なうことはできないが、園長個人の信仰は自由である。大野は園児たちに仏教の話をしたのだと思われる。なお、以下の引用文の子は西本あつしが接した児童でもある。

「残暑の候となり、朝夕暮しよい季節となりました。その後、先生にはお変わりなくお暮しのことと存じます。私は、今度些細なことでけんかをしてとうとう人を殺してしまったのです。それで、先生にはすみませんがお経の本を頂きたいと思います。私も、先生の知っているように真面目にしておりましたけれども意志が弱いと申しましょうか、とうとう過ちをして今では、私の子供のことと私の殺した人のことが、頭に浮かんで毎日苦しんでいるので、すみません、お経の本を高知刑務所へ送って下さいませんでしょうか。いろいろと書きたいことは沢山ありますけれど、奥さんにもよろしく、さようなら」

こういう葉書なんです。この子供は、私が鏡川学園長であったとき、八歳、小学校の二年生のときに入ってきて八年間教護院で一緒に暮した子供です。この子供の父親は朝鮮の人です。子供が園に入ってきたときには、お父さんは病気で死んでありませんでした。お母さんは日本人です。けれども耳が聞こえません。そして、ものが言えない。

（大野長一『子どもを拝む』より）

戦災孤児と「平和新聞」と文学青年たち

鏡川学園に起居することになった西本あつしのもとには、戦前・戦中まで学校で徹底的に教え込まれた天皇中心の「皇国史観」から解き放され、自由にものが言えるようになった若者たちが集うようになった。酒を飲み、人生を語り明かす彼ら文学青年たちはさながら「無頼派」くずれのようであった。園長公舎内にある西本の四畳半の部屋は彼らの溜まり場になった。大野園長は若者たちに温かい目を注ぎ、彼らを咎めなかった。時には大野も酒席に招かれることもあったらしい。島内は『覚書』のなかで、宮地佐一郎、大川宣純、杉本瑞穂、岡本弘、熊沢昭二郎の名を集った青年としてあげている。

朝倉小学校で西本と同級だった宮地佐一郎（一九二五～二〇〇五年）は戦後、高知で教員になった。のちに法政大学国文科に進んでから小説を書き、何度か直木賞の候補にもなった。高知に戻ってからは坂本龍馬の手紙を発掘するなど、龍馬研究の第一人者となる。司馬遼太郎の小説『竜馬がゆく』にも強い影響を与えたとされる。『坂本龍馬全集』（光風社出版、一九七八年）の編集なども手がけた。

大川宣純（一九二五～一九六一年）は詩人である。上京して詩作を続け、現代詩新人賞を受賞した。内灘闘争に参加した西本あつしのことを書いた詩があるとのことだが、私はまだ読んだことはない。

杉本とは後に東京で再会することになる。東京で杉本は全日自労飯田橋分会の書記長になっていたことからわかるように、共産党員かそのシンパだったのではないか。

西本は彼らと語り明かすなかで、戦争と平和の問題を真剣に考えるようになった。兄の理不尽な戦死は西本を平和運動に駆り立てていく。鏡川学園に来て数年が経過していた。とりわけ一九五〇年に始まった朝鮮戦争はあつしを憤慨させた。「戦争は絶対悪である」とあつしは強く思った。「平和新聞」を発行し始めたのもこのころであろう。

筆山麓にあった鏡川学園の全景写真（**写真5**）と平面図（**図1**）が残されている。西本あつしの部屋は園長舎に近かったという証言があるので、平面図の右手の職員住宅のなかにあったと考えられる。

鏡川学園には常時六〇人くらいの戦争孤児、生活困窮児、家出児、引揚児など

写真5　鏡川学園全景14棟1963年
（希望が丘学園所蔵）

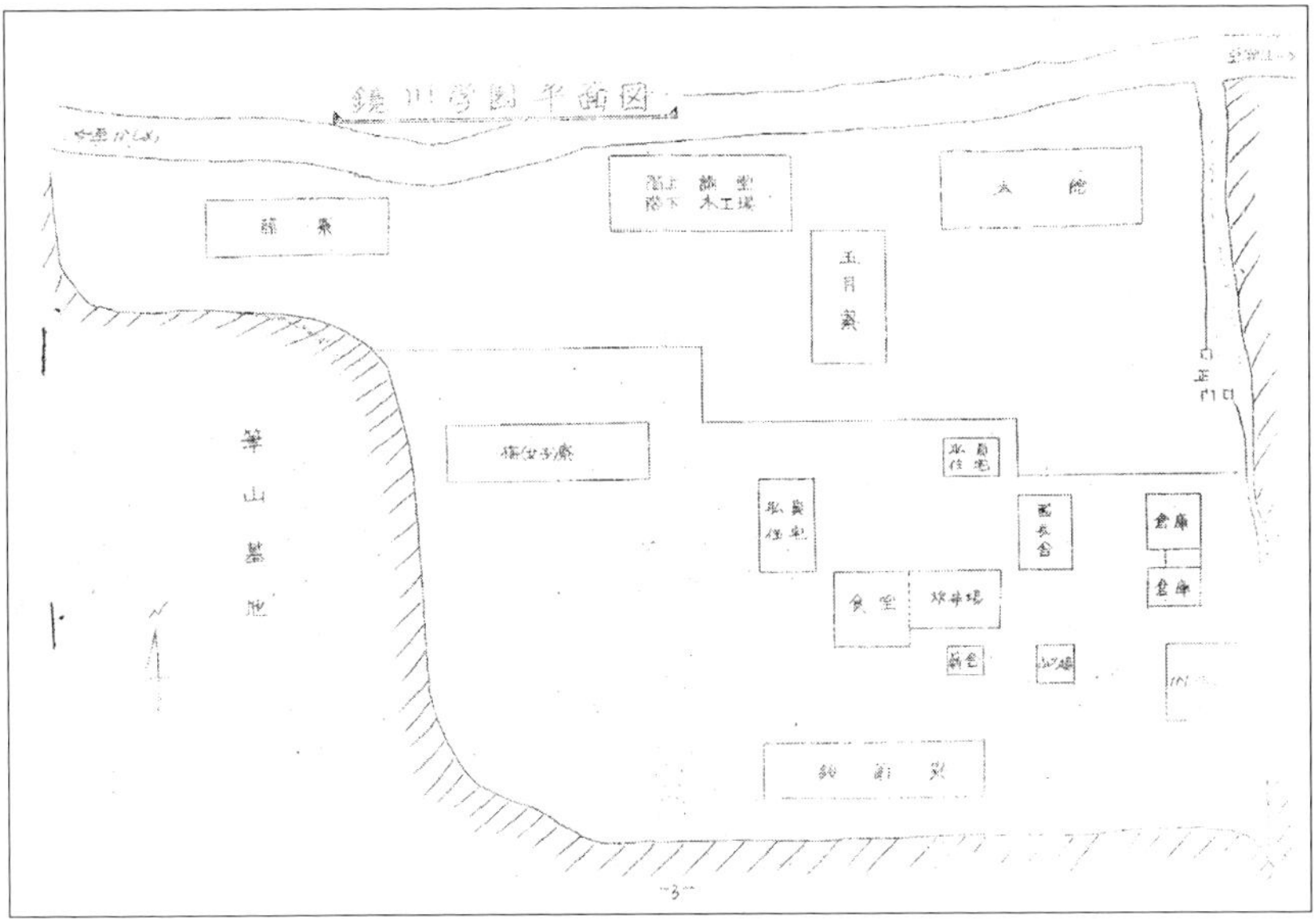

図1　鏡川学園平面図（希望が丘学園所蔵）

がいたことは前に触れた。女子たちは梅寮に寝泊まりしていた。男子たちは年齢により、鈴蘭寮、五月寮、藤寮などに分けられた。男子のうち、窃盗などに手を染めてきた悪童たちが西本あつしによくなついた。あつしが彼らの行為を即座に否定せず、面白そうに聞くからだった。用務員のあつしは、いつしか悪童の親分のような存在になっていく。かっぱらいの得意話から始まる悪童との会話だったが、いつしか別れた母のこと、辛かった親戚の家での生活、戦死した父のことなどを涙を流しながら語るようになった。聞いていたあつしも一緒に泣いた。戦争がすべての悪の根源だ――。西本あつしが「平和新聞」を配るのを園児たちは手伝うようになった。あつしは街の酒場にも悪童たちを連れて行った。

大野園長は「園児よりも君のことで心を痛めたといってもいい」（『子どもを拝む』）と書いた。西本あつしが引き入れた文学青年のなかには杉本瑞穂のような活動家もいる。そのうえ、「平和新聞」という共産党のような新聞を出している。盛り場にはお気に入りの園児を連れて行っていた。一九四九年から五〇年に吹き荒れた日本共産党員に対する公職追放や解雇などの「レッド・パージ」【注11】は、あつしの近くにも及んでいた。高知県は唯一レッド・パージを阻止した地域ではあったが、それは大野園長らの次のような毅然とした意思表明があったからでもある。大野は高知県議会厚生委員会に喚問された際、次のように語っていたという。

一、西本あつし君やその友人たちとの酒席の雰囲気は良く、自分も加わることがある。

二、収容される子どもたちはさまざまな困難を抱えており、西本君のように純粋一途に彼らを受け止める職員が一番必要である。彼のような型破りが大切なのだ。

【注11】レッド・パージとは、「共産党員とその同調者を公職・企業などから追放すること。日本では一九四九～一九五〇年、GHQの指令により大規模に行なわれた追放をいう。赤狩り。」（『広辞苑』第七版）などと定義される。朝鮮戦争を前にして、戦後の民主化を中心とした占領政策が転換する（いわゆる「逆コース」）なかで起こった。高知県を除く全都道府県で強行され、約三万人の労働者や公務員が罷免、解雇され、生活の糧を失うことになった、戦後最大の思想弾圧事件である。戦前の治安維持法犠牲者とともに、レッド・パージ犠牲者には補償や名誉回復が行なわれていない。なおレッド・パージと同時期に起こった「下山事件」「三鷹事件」「松川事件」など国鉄関係事件では容疑者が日本共産党員とされ、このため共産党は大きな打撃を受けた。今日ではこれらの事件は、すべて

冤罪であることがわかっている。

しかし、世話になった恩師が県議会に召喚されたという「事件」は、西本あつしの中で鉛のような重しとなった。それは自分が抑圧されるより辛いことだった。高知市の路地裏にある「一壷庵」という飲み屋で島内一夫はあつしと呑むことがあった。しこたま酔った後、あつしは外に出て暗闇に向かって咆哮したという。

――自分は鏡川学園にいていいのだろうか？

青年西本あつしは自らの生き方を問うていた。

二章　日本山妙法寺

一九六三（昭和三八）年一月一日、郵便はがきが群馬県佐波郡東村国定の西本多美枝宛に届いた（**写真6**）。前年四月二八日に夫・西本あつしが三六歳で交通事故死していたため、年賀状は辞退したはずだった。差出人の田原瑞泰は日本山妙法寺九段道場（東京都千代田区）の僧である。

謹賀新年
立正安国
不殺生
非暴力
南無妙法蓮華経　合掌
軍事基地反対　日韓会議反対
平和元旦

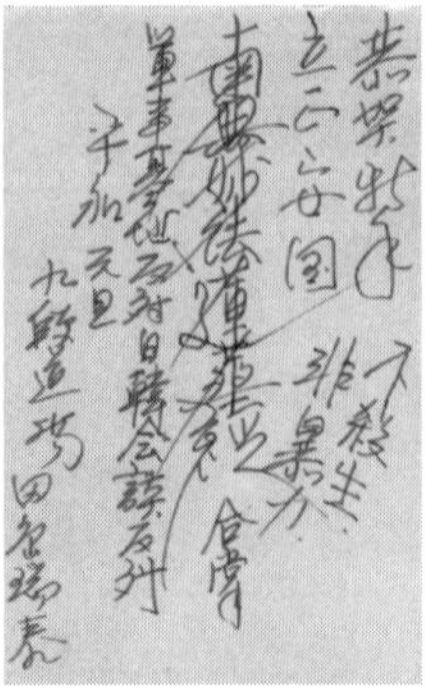

写真6　群馬県佐波郡東村国定の西本多美枝宛の郵便はがき（親族所蔵）

九段道場
田原瑞泰

不殺生、非暴力は日本山妙法寺を開いた藤井日達の言葉である。
妙義山米軍基地反対闘争（一九五四年）の舞台となった恩賀集落の佐藤政義は、故人となった西本あつしについて次のように語っている。

はじめは妙な坊さんが（恩賀に＊筆者）とびこんできたものだと迷惑がったが、だんだんとその奉仕精神が理解できて、何事も西本坊さん西本坊さんと相談するようになった。子供たちまでなついて、その作文などを書かせては指導していたが先生顔負けの指導ぶりだった。家族の一員という感じだった。西本坊さんが、東京などにいっていなくなると火が消えた様な淋しさだった。

（菊地定則編「西本あつし氏追悼録」群馬県平和評議会、一九六四年）

西本あつしの名を高めたのは、粗末な僧衣を身に纏い、うちわ太鼓を打ち鳴らす日本山妙法寺僧として、内灘、妙義、砂川をはじめとする米軍基地反対闘争を非暴力でたたかったことである。鏡川学園の「戦争孤児」たちと向き合いながら、ガリ版刷りの「平和新聞」を発行し続けていた西本あつしは、どのようにして日本山妙法寺と出会ったのだろうか。

広上塔貫

朝鮮戦争が始まった一九五〇年六月二五日以降のことと思われる。西本あつしの発行するガリ版刷り半紙一枚の「平和新聞」を手にした日本山妙法寺僧・広上《ひろかみ》塔貫《とうかん》が鏡川学園で働く西本を訪ねてきた。「塔貫」は僧名である。髪を落とした広上は、黄色一色の木綿布を袈裟に着ていた。痩せて眼光が鋭かった。

あつしに会うなり、広上は「南無妙法蓮華経、南無妙法蓮華経」と唱えだした。鏡川学園に収容されている戦争孤児たちのための経だという。背伸びしなければついていけなかった無頼派くずれたちに比べて、広上はなんと単純明快なのだろうとあつしは思ったにちがいない。二人の間で交わされた会話を想像した。――「平和新聞」を目の前に置き、敗戦五年後に起こった朝鮮戦争のことを中心に、広上は戦争そのものに反対することの大切さを諄々と説いた――直情さや装飾性のなさがあつしを惹きつけたのではないか。

広上塔貫にしても、教護院で「戦争孤児」たちの指導をする青年が「平和新聞」を発行しているのを知り、ぜひ会いたいと思ったのだろう。西本が製作し、孤児たちが街に配布する「平和新聞」は人の心を動かす力をもっていたことになる。新聞には、理屈ではなく、具体的な市井《しせい》の声がたくさん載っていたのではないか。

　どのような経過で広上塔貫が日本山妙法寺に入ったかは不明だが、『覚書』には次のようなことが記されている。

　一九四九年、広上は東京の九段道場から四国八八か所巡りをすることになった。高知では二四番三九番の寺院を巡礼した。そのときに高知在住の人と知り合いになり、翌一九五〇年夏、高知にやってきた。鏡川南に広がる焼け跡に広上は掘立小屋を建てた。この小屋を広上は「道場」と呼んだ。高知における日本山妙法寺の始まりである。

　鏡川学園から自転車で数分、徒歩でも近い距離に建てられた道場に西本あつしは足しげく通った。西本と広上は急速に接近した。広上塔貫は日本山妙法寺の教えのとおり、信徒の金を吸い上げる既存の宗派をことごとく批判する。貧しい環境に育った西本あつしは、心をゆさぶられるほど共感したに違いない。

　広上塔貫はうちわ太鼓を鳴らし、お題目を唱えながら、一日も欠かさずに戦争の傷跡の残る高知の街を歩き続けた。しだいに日本山妙法寺の教えを理解する者が増えていった。一〇畳ほどの道場が建ったのは、広上が高知に来てから一年半後のことだった。高知道場開堂供養のため、日本山妙法寺を開いた藤井日達を迎えることになった。道場には二〇人くらいが集まっていた。日達は広上と同じ粗末な黄色の法衣を着ていた。西本あつしはこの時、初めて藤井日達に会った。それは西本のその後の生き方にかかわる運命的なものであった。

藤井日達とマハトマ・ガンディー

藤井日達が熊本県阿蘇山麓の貧しい農家に生まれたのは明治一八（一八八五）年である。少年時代に法華経と日蓮宗を知り、僧になることを決意する。日蓮宗系の大学やさまざまの仏教系大学、寺院で学び、その後断食などの厳しい修行に入った。日本山妙法寺は、この藤井日達により一九一七年に開かれた。戦前は中国やインドにも巡礼（布教）した。

一九三三（昭和八）年、非暴力平和主義を唱え、インドの国論をまとめ、イギリスからの独立をかちとろうとしていたマハトマ・ガンディーと、藤井日達はインドのワルダで会った。ガンディーはインドの綿花からつくられた綿糸を作るための糸車を回しながら（**写真7**）、イギリス製品不買運動を展開した「インド独立の父」である。ガンディーの有名な言葉に「非暴力は人間に委ねられた最大の力である。それは人間の創意により考案された破壊のためのもっとも強力な武器をも凌ぐものである」がある。徹底した非暴力平和主義でインドの独立をかちとることになるガンディーを日達は尊敬していた。ガンディーもまた、「日本国民に与える書」【注12】（「ハリジャン紙」一九四二年七月一日付）のなかで日達の思い出を書いている。【注13】

写真7　インドの糸車を回すガンディー（中学校歴史教科書より）

【注12】冒頭にはこう書かれている。「私（ガンディー＊筆者）はすべての日本人に対して、何等の悪意は持ってないのであるが、ただ日本が中国に加えつつある攻撃に対しては、極度に嫌っていることを、最初に述べねばならない。日本はその崇高なる精神から、帝国主義的野望を抱くまでに堕ちてしまった。日本のその野望は、必ず失敗するであろう」（藤井日達『毒鼓』わせだ書房、一九六一年）

藤井日達はこんな言葉を残している。

不軽菩薩の跡を継ぐ。これを受け継いで、末法に立った者が、インドのマハトマ・ガンディー。絶対に暴力を否定した。誰も敬う、一人も侮らない。これが英国と戦争しないで独立問題を解決した原因だ。

（『天鼓要文集』日本山妙法寺、一九九七年、非売品）

文明とは電灯のつくことではない。飛行機のあることでもない。原子爆弾を製造することでもない。文明とは人を殺さぬことであり、物を壊さぬことであり、戦争をしないことであり、相互に敬うことである。

（藤井日達『毒鼓』わせだ書房、一九六一年）

現在に至るまで、日本山妙法寺は非暴力平和主義と不殺生を唱え、各地でうちわ太鼓を鳴らしながら活動し続けてきた。

南無妙法蓮華経
人類の生きていく道は
平和に暮らすこと

【注13】「仏教のお経から始めます。日本の僧侶が教えてくれたものです。ひとりが小さな太鼓をたたいて、日本語で『南無妙法蓮華経、南無妙法蓮華経、南無妙法蓮華経、南無妙法蓮華経』と唱えます。そのあと二分間黙想してから、ヒンディー語でヒンドゥー教の朝の祈りを合唱します」（ヴェド・メータ『ガンディーと使徒たち「偉大なる魂（マハトマ）」の神話と真実』新評論、二〇〇四年）

争いをしないこと
これだけを
仏様の教えによって習い極めて
現在の憲法を
宗教的な信念によって
持たねばなりません
南無妙法蓮華経と唱えて
この憲法を守ります

日本山妙法寺山主　藤井日達

後に西本あつしは「(静岡県)吉原にて」(「平和行進日記」一九五八年八月一日)に、「インドの代表が、ミノバーの行進について話をして下さった。すでに十年近くもインドの国を歩きつづけているとのこと、ガンジーの教えを守る人々の行動である」と記す。「ミノバーの行進」の意味は不明だが、ガンディーがインドの宗主国イギリスによる塩の専売に反対した運動「塩の行進[注14]」と関係があると思われる。

【注14】マハトマ・ガンディーが支持者とともに、一九三〇年三月一二日から四月六日まで、イギリスによる塩の専売に反対し、グジャラート州アフマダーバードから同州南部ダーンディー海岸までの約三八六キロを、製塩のために行進した行動。インドのイギリスからの独立の転換点になったと言われている。

出家

友人の文学青年たちに対する劣等感をもちながら、「平和新聞」を発行し続ける西本あつしに、広川塔貫は僧にならないかと薦めた。文学青年の面々はいずれ世俗化していくと広川は考えていたらしい。その後の彼らの人生を見ると、これは一部あたっていた。広上が属する日本山妙法寺は日本でも最も平和運動に熱心な宗派だった。西本の近くにはマルクス主義的な立場から平和運動にアドバイスしてくれる共産党員もいた。西本は何日も何日も悩み続けた。

大野長一園長に相談したら、出家して僧になることを勧められた。大野長一は「君に出家をすすめたのはこの私であるが、出家後の君の行動は、如何にも君らしかった」と述べている（『子どもを拝む』）。前章で書いたように、西本あつしの「平和新聞」や無頼派くずれたちとのつきあいは、恩師大野園長が高知県議会に召喚されるという事態を招き、西本は苦しむのであるが、これが僧・西本あつし誕生のきっかけにもなった。高学歴で知識人肌の無頼派くずれのなかで、口数も少なく、場所を提供しているだけの西本には、もっと別の道があるのではないかと大野は考えていた。それが「出家」である。出家のすすめは仏教への信仰が厚かった大野ならではの西本への助言だった。

広川と大野の二人から背中を押され、西本あつしの心は固まった。銀行寮に妹と暮らす母の元に行った。母は賛成してくれなかった。せっかく県立鏡川学園の

写真8　花岡山（日達の故郷）平和の塔（仏舎利）落慶法要（一九五四年四月）。左から二人目が藤井日達、その後ろ四人目が西本あつし（『藤井日達上人平和への歩み　写真集・撃鼓宣令』柏樹社、一九八五年）。

職員になったのに、それを辞めて僧になるなど、実直に生きてきた母にはまったく理解できなかった。日本山妙法寺など日蓮宗の僧のことを母は題目「南無妙法蓮華経」から「なんみょうさん」と呼んだ。母に反対されたことで、逆に決意は強くなった。そういう頑固なところがあつしにはあった。

西本あつしは九州の日本山妙法寺熊本道場で修行することになった。熊本県は日達の故郷である。後にあつしは日達から絶大な信頼を得る。あつしは剃刀で頭を丸めた。熊本道場では座禅に明け暮れた。早朝からの掃除・洗濯・自炊などは当然だが、もっとも長い時間を要したのは座禅だった。用事のない時には座り続けた。法華経の詳しい講義はわからなかったが、ともかくお題目「南無妙法蓮華経」を唱えることは欠かさなかった。やがてあつしは黄色の袈裟（法衣）を手渡された。

日本山妙法寺は世界平和を祈念するため、現在まで国内外に七〇以上の仏舎利を建てている。仏舎利とは釈迦の遺骨であるが、転じて釈迦の供養塔となり、仏教寺院の象徴的な建造物となった。このうち、花岡山仏舎利は藤井日達の故郷に建てられたもので、日本山妙法寺にとっては非常に大切な意味合いをもつものである。一九五四年四月、花岡山仏舎利の開堂法要が催された。西本あつしは藤井日達のすぐ近くを歩いた（**写真8**）。日達からの期待の大きさがわかる。

西本あつしは日本山妙法寺の僧になってからも、三章、四章で紹介するように

写真9　鏡川学園全員写真（一九五四年二月）。僧になった西本あつしがいる。後列中央は大野園長（希望が丘学園所蔵）。

各地での米軍基地反対闘争参加の合間に高知に戻り、たびたび鏡川学園を訪れている（**写真9**）。大野長一園長は西本をあたたかく迎えた。写真の後列中央は大野園長、合掌している僧は西本である。

高知に戻ったとき、西本あつしは鏡川学園や無頼派くずれの友人たちの家に泊まったと思われる。あつしは僧として自信をつけ、文学青年たちにも気おくれしなくなっていた。故郷では日本山妙法寺の戒律も緩み、友人たちと酒を酌み交わした。この酒があつしの体をむしばんでいくが、はち切れんばかりの若い肉体をもつあつしは病魔に気がつくことはなかった。

内灘闘争後に高知を訪れたとき（一九五二年）には、日本山妙法寺が日本に招聘したセイロン（現在のスリランカ）の高僧を高知に呼び、高知市長に要請し市職員に高僧が講演、島内一夫が勤務する高校でも講演する。戒律の厳しい日本山妙法寺とセイロン仏教とは親和性が高かった。これが一つの縁ともなって、五年後、あつしは藤井日達に随行しセイロンを訪問することになる。

一九五七年六月、世界平和評議会（セイロンの当時の首都コロンボで開催。コロンボは現在スリランカ最大都市。現在、首都はスリ・ジャヤワルダナプラ・コッテに移転）に藤井日達の命で日本山妙法寺僧侶として出席し、帰途、中華人民共和国を訪問する。日達の随員に選ばれたのである。後述する一連の米軍基地反対闘争が西本あつしを鍛えたことを日達は大いに評価していた。

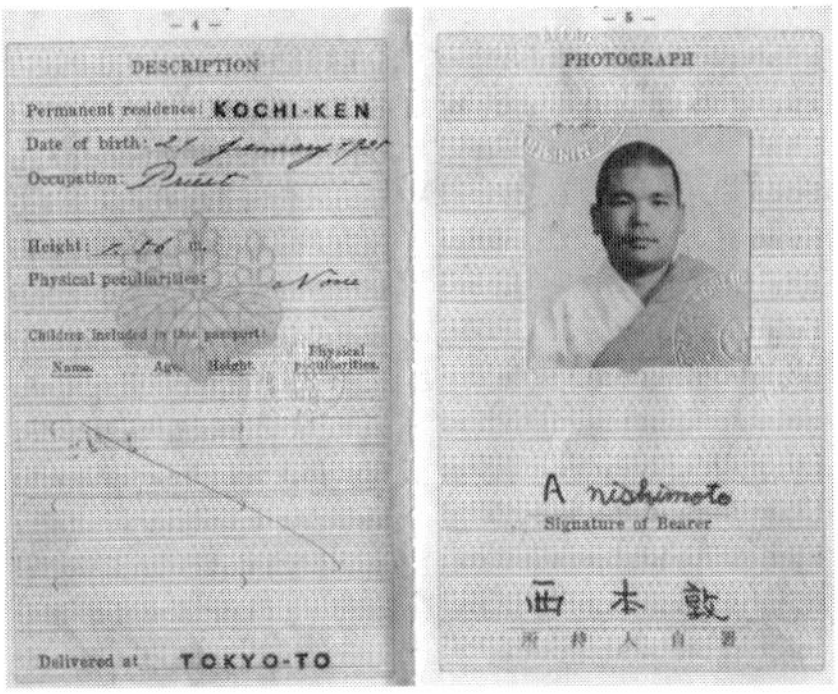

写真10　西本あつしのパスポート（親族所蔵）

西本あつしのパスポートが残されている（**写真10**）。一九五七年六月七日、羽田空港から出国、八日より一四日まで世界平和大会参加のためコロンボに滞在した。同月一五日に中国の北京に入り、七月二日に出国している。コロンボは一週間、北京は二週間の旅だった。パスポートの発行者は外務大臣岸信介、三年後に六〇年安保闘争を闘う相手である（**写真11**）。

第五福竜丸被曝と相次ぐ水爆実験

ここで当時の戦争と平和、植民地支配をめぐる情勢をスケッチしておこう。

一九五四年三月一日、マーシャル諸島ビキニ環礁でアメリカによる世界初の水爆実験が行なわれ、焼津港から出港したマグロ漁船第五福竜丸など多数の漁船が被曝する。無線長の久保山愛吉は九月二三日に被曝死する。歴史教科書には第五福竜丸とともに、「被曝マグロ」を調べている写真などが掲載されている。しかし、被曝したのは第五福竜丸だけではなかった。後の調査では一〇〇〇隻を超える被災船があり、多くが西本あつしの故郷・高知の漁船だったことが判明する。高知県ビキニ水爆実験被災調査団編『もうひとつのビキニ事件　一〇〇〇隻をこえる被災船を追う』（平和文化、二〇〇四年）には次のように書かれている。

当時の関係資料や公的記録を見ると、「ビキニ被災事件に伴う慰謝金配分（一

写真11　西本あつしパスポート（岸信介の署名が見える）

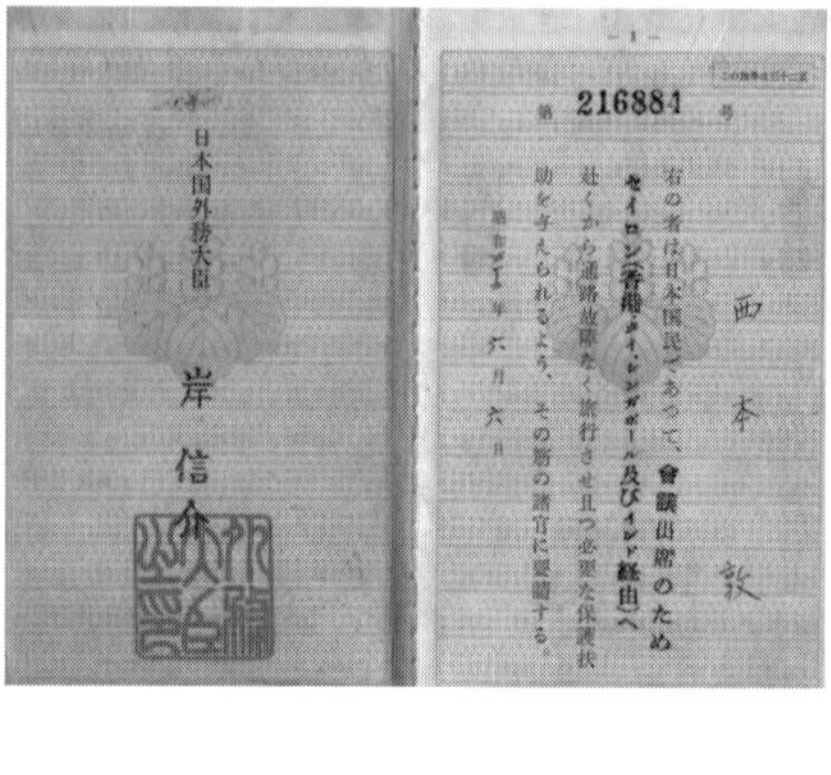

【注15】水爆被災慰謝料の多い県を上から

九五五年四月二八日閣議決定）には「廃棄漁船九九二隻」と記載されているが、実数は五四八隻と推定される（漁船別ビキニ慰謝料配分一覧表）[注15]。このほかに、マグロを廃棄しなかったが放射能に汚染されたマグロ漁船が一三隻あり、貨物船・捕鯨船・調査船などの船舶一八隻を加えると実数は五七九隻と考えられる。しかも、二回被災した船では乗船員が変わっている場合もあり、被災船の数は一〇〇〇隻をこえると推定される。

順にあげると、神奈川県、静岡県、高知県、宮城県、三重県、鹿児島県、和歌山県であった。

三月一日のビキニ環礁での水爆実験は有名であるが、その後もアメリカやイギリスによる水爆実験は五月一四日まで六回続いているし、一九六二年までの実験合計はのべ七九回にも達しているとされる（『もうひとつのビキニ事件』）。グレン・カルカレーは「マーシャル諸島での核実験と異常出産」（『核実験の影響、女性の視点』一九九五年）で次のように述べている。

第二次世界大戦の終わり、アメリカは太平洋の中心に位置するミクロネシアの二一〇〇の島々を占領した。マーシャル諸島ミクロネシア東部は広島と長崎へ原爆が投下された一年後に核実験場に選ばれた。

一九四六年から一九五八年にかけて、マーシャル諸島のビキニ環礁とエニウェトク環礁で六七回の原子爆弾と水素爆弾の爆発がおこなわれ、水爆実験により、風下にある島々の多くの住民が致死量まで達しないレベルの放射性降下物にさらされた。電離性放射線被爆による急性および潜伏性の影響に加え、環礁の多くの地域社会（ビキニ、ロンゲラップ、エニウェトク）は、放射線学研究が、生まれ育った島へ将来帰還が可能であると結論づけることを待ちわびながらも、いまだ本来の社会的生活を混乱させられた状態にある。【注16】

【注16】https://www.antiatom.org/GSKY/jp/NDPM/Mov/msl-glen.htm

水爆被害は日本の問題だけではなく、アメリカ支配下のマーシャル諸島の人びと全体にも拡大していたのである。西本あつしが高知港からビキニ被曝抗議船を出そうとしたことは、五章の「平和行進日記　一」にも記されているが、この時点ではあつしは第五福竜丸以外の被災船については知らなかったと考えられる。ビキニ事件の一年後の一九五五年に第一回原水爆禁止世界大会が開催された。

非同盟運動

米ソ二大陣営による東西冷戦（二大軍事同盟の対立）に対抗するかたちで全世界で展開された、非同盟運動について述べておこう（第一回原水爆禁止世界大会はほぼ同時期に開催された）。一九五五年四月、アジア・アフリカ会議がインドネシアのバンドンで開催された。呼びかけの中心となったのは、中国の周恩来首相、インドのネルー首相、インドネシアのスカルノ大統領、エジプトのナセル大統領。第二次世界大戦後独立した旧植民地国、被抑圧国が、欧米諸国を招かずに自らの力で開催した初めての国際会議である。二回目は開かれなかったのでこの会議をとくに「バンドン会議」と呼んでいる。日本も含む二九か国が参加し、前年のネルーと周恩来らによる「平和五原則」[注17]の確認や「コロンボ会議」[注18]を受け、国連憲章の順守や基本的人権の尊重、民族と国家の平等などをうたった「バンドン一〇原則」[注19]を採択した。バンドン会議後、アフリカ諸国は次々と独立を達成した。とりわけ一九六〇年は一七か国が独立し、「アフリカの年」と言われた。

一九五七年、藤井日達と西本あつしが参加した世界平和評議会（World Peace Council）は、一九四九年にポーランドのワルシャワで設立されたことでもわかるように、ソ連など東側諸国中心の組織である。ただ、非同盟諸国なども参加しており、欧米先進国に対抗する会議ともなった。第一回の会議はフランスのパリで平和擁護世界大会という名称で開催されたが、フランスが東側諸国の入国を拒否したため、チェコスロバキアのプラハでも同時開催された。その後毎年開催され、名称も世界平和評議会と改められた。後に群馬県に移住したあつしが所属する平和委員会も世界平和評議会に参加している。

一九五四年三月一日のビキニ事件を受け、日本の平和委員会の平野義太郎[注20]会長が放射能被曝の実態を報告、宣言が採択された。平野は西本あつしの墓に揮毫することになる著名な学者である。一九五七年六月一〇日から一七日にスリランカ

【注17】〔1〕領土、主権の尊重、〔2〕不侵略、〔3〕内政不干渉、〔4〕平等・互恵、〔5〕平和共存、のこと。

【注18】ネルーがよびかけ、インドネシア、スリランカ、パキスタン、ビルマが参加し、非同盟主義の立場からアメリカが進めていた東南アジアの軍事同盟化の動きに反対を表明した。

【注19】〔1〕基本的人権と国連憲章の尊重、〔2〕主権と領土保全の尊重、〔3〕人種・国家の平等、〔4〕内政不干渉、〔5〕国連憲章に基づく個別的・集団的自衛権の尊重、〔6〕大国を利する集団防衛体制反対、〔7〕相互不侵略、〔8〕国際紛争の平和的解決、〔9〕協力の促進、〔10〕正義と国際義務の尊重、のこと。

【注20】（一八九七～一九八〇）マルクス主義法学者、中国現代史研究者。一九三二年に野呂榮太郎らと『日本資本主義発達史講座』を編集、講座派の論客として知られる。一九三六年、特高に検挙。一九四六年、民主主義科学者協会（民科）に参加、一九四八年、同東京支部長。一九五六年から二〇年間にわたって日本平和委員会会長を務める。石川島造船所（現・ＩＨＩ）創業者・平野富二は祖父

の首都コロンボで開催されたのが世界評議会総会であり、核実験即時停止アピールと軍縮宣言が採択された。パスポートからわかるように、西本は藤井日達とともに大会日程を三日残し一五日には北京に向かっている。七月二日まで北京に滞在した。

北京で撮られた写真が残されている。中国首相周恩来と藤井日達の横に西本あつしの姿がある（**写真12**）。西本が日達からいかに信頼されていたかを知ることができる。

藤井日達は西本あつしの純朴さを愛した。愛弟子と言っていい。日達は晩年、西本あつしの名前は出していないが、彼のことをこう語っている。

> 日本ではこの原子爆弾が落ちてから間もなく国民挙げて、この核兵器反対の運動を起こして、東京から広島までそうして長埼まで歩き続けました。その先頭に立ちました者は、日本山でありました。他の者は会社に勤めたり何かしておると一か月も二か月もただ歩いてばかりおられません。出家という者は、そこに自由な天地があります。人類の危難を救うために何か月歩いたって誰も故障《（ママ）》をいうものはありません。
>
> （『藤井日達上人上寿記念一天四海皆帰妙法』一九八四年、日印サルボダヤ交友会）

に当たる。妻・嘉智子の叔母の夫は後藤新平。姻戚に鶴見和子・俊輔姉弟などがいる。主な著作に『大アジア主義の歴史的基礎』（河出書房、一九四五年）、『平野義太郎新著作集』（理論社、一九五四～一九五六年）、『自由民権運動とその発展』（新日本出版社、一九七七年）などがある。

写真12　一九五七年第四回世界平和評議会コロンボ（現スリランカ）大会に参加後北京に飛ぶ。右より西本あつし、藤井日達、一人置いて周恩来（中華人民共和国首相）（『藤井日達上人平和への歩み写真集・撃鼓宣令』柏樹社、一九八五年）

三章　内灘闘争と妙義闘争

初めての修行の場

時計の針を戻そう。日本山妙法寺熊本道場で僧となった西本あつしは、指導僧からの指示で非暴力平和主義実践（修行）の場として石川県内灘に向かった。一九五三年五月のことである。前年、朝鮮戦争遂行のためのアメリカ軍の砲弾試射場として内灘砂丘が選定されたからだった。内灘は半農半漁の村である。砲弾は日本のメーカーが製作した。当初は静岡県御前崎の砂丘が候補地だったが、最終的に内灘に決定した。内灘村議会は反対したが、試射場工事は強行される。鉄道労働者は資材搬入を阻止するためにストライキを決行、学生たちも続々と内灘に集結した。あつしが到着したときは、反対運動もあり、試射が一時（四〇日間）中断されていた。

すでに先輩の日本山の僧たちがテント張りの小屋をつくり、うちわ太鼓を鳴らしながら砲弾試射場建設反対を訴えていた。村人たちは日本山妙法寺の小屋のことを「お坊さんの小屋」と呼んでいた。村民の建てた闘争小屋もあり、その周りには支援の労働組合の赤旗が林立していた。あつしにとって初めての反基地闘争への参加である。翌日より、あつしを含めて三人の僧は「撃鼓唱題」（うちわ太鼓をたたきながら、お題目「南無妙法蓮華経」を唱えること）の行進を始めた。地元の女性たちとともに鉄道で内灘から金沢に行った。金沢駅で支援者が基地反対のビラを配る傍らで、あつしは太鼓を打ち鳴らした。

小説『内灘夫人』と映画『非行少女』

筆者は学生時代、五木寛之の小説『内灘夫人』を文庫本で読んだことがある。出版は一九六九年で文庫本になったのは一九七二年。筆者が大学に入学したのは一九七三年、七〇年安保闘争の残滓が学園のいたるところにあり、構内ではセクト間の暴力事件も起こっていた。

『内灘夫人』の主人公は霧子という有閑マダム。有閑マダムは死語に近いが、今で言えば「セレブ夫人」だろう。高額所得者の夫が働いている平日の昼間に集まり、買い物や食事、旅行などを楽しむ専業主婦のことである。霧子の夫は、霧子とともに大学時代に内灘闘争に参加したが、その後は変節（転向）する。夫が事業に成功したので、霧子は自堕落な有閑マダム生活をしているのだが、学生時代の内灘での純粋だった青春の頃が忘れられない。六〇年安保闘争と呼ばれる民衆運動が盛り上がる一九六〇年頃が小説の時代である。

　霧子は年若い学生と不倫関係にある。その学生運動家と付き合いながら、一〇年前の内灘闘争を思い出すというストーリーに、実際に学生運動をしていた筆者は強烈な違和感を抱いていた。西本あつしと内灘闘争を調べるなかで、当時の自分が見落としていたものが浮かび上がってきた。『内灘夫人』には地元の内灘の人びとの対立や葛藤、鉄道労働者や自治体労働者、宗教者などの支援、内灘闘争を力にして自分の地元で社会運動に立ち上がった人びとなどはほとんど登場していない。いわばある特定の学生セクトの目から見た内灘闘争が描かれているにすぎなかった。運動を記録する人びとの多くは知識人として生きる元学生である。地元民も労働者も宗教家も自らの運動を語ることは圧倒的に少ない。内田康夫の小説『砂冥宮』（実業之日本社、二〇〇九年）も内灘闘争と学生の転向を描いた作品であるが、ミステリーという縛りもあるからなのだろう、『内灘夫人』のようなノスタルジックな香りは感じられない。

　映画「非行少女」（一九六三年公開、監督・浦山桐郎、第三回モスクワ国際映画祭金賞）でも、内灘闘争で寝返った兄と、内灘の闘いを最後まで支援した弟との確執が描かれている。なお、非行少女を演じる和泉雅子が収容される金沢市の保護施設（教護院・現在の児童自立支援施設）の門近くに、児童憲章の冒頭の文「児童は、人として尊ばれる。児童は、社会の一員として重んぜられる。児童は、よい環境の中で育てられる」が刻まれた石碑がある。同じ言葉が、西本あつしがかつて勤めた高知県立鏡川学園の要覧（昭和二九年三月）の表紙にも書かれていた。人権尊重の思想が広がっていったこの時代の風が感じられる。

逆流に抗する

一九五三年六月二日、日本政府は試射場の永久接収と試射再開の決定を行なう。決定後、トラックの往来が激しくなり、アメリカ軍のキャンプもつくられていく。一三日から村民、学生、労働者たちの座り込みが始まった。一五日の朝、凄まじいまでの砲撃音とともに、試射が再開された。それでも七月、八月、米軍キャンプ場や着弾地付近での決死の座り込みが続いた。日本山妙法寺の僧たちをアメリカは「ニッポンのタイコ」と呼んで恐れたという。

日本政府はアメリカ軍のための内灘試射場建設推進に向け、用地接収担当の国務大臣に石川県出身の林家亀次郎参議院議員をあて、地元説得にあたらせていた。貧しかった内灘に、用地接収のための現金が飛び交うこととなった。内灘の人たちは「金は一年、土地は万年」のスローガンを掲げた。金を使った運動の分断は、為政者の戦後統治の常套手段である。金は戦前の国家による暴力的弾圧とは違い、権力みずからの関与を隠ぺいする効果がある。沖縄の米軍基地反対闘争対策、福島原発事故補償、各地の公害問題対応など、今日まで長く使われてきた手法である。こうした分断による運動の弱体化には戦前から続く元特高官僚の影が見え隠れしているがその全貌はまだ調べ切れていない。

運動の長期化のなかで、内灘を支配してきた網元は補償金目あてに、「引き子」と呼ばれる村民の切り崩しにかかった。「日本山妙法寺の僧が娘を犯した」「乗るなアカの口車」などの謀略デマが流され、暴力団のような組織もつくられる。こうして内灘村当局は、政府の補償案を受け入れることになった。座り込みは九月二八日に終わったが、闘争は一九五七年の米軍撤収まで続けられた。

妙義闘争などをともにすることになる菊地定則は、内灘で西本あつしに出会った思い出を次のように語っている。なお文中の「鉄板道路」とは、内灘の砂浜に敷設された穴あき鉄板のトラック輸送道路のことで、トラックには砲弾が積まれていた。

　彼と僕とがはじめてあったのは内灘であった。当時、僕は群馬高教組の書記長をしていた。全国高校組織の四分五裂の状態を何とかしてまとめようと、いわゆる高校組織統一のため石川県の和倉温泉での会議に出席する際であった。能登半島に入る前、熾烈なたたかいをしている内灘に寄ってゆこうということになり、仲間数人と内灘におりたった。

　有名な鉄板道路が炎熱のなかでギラギラ光っている。フライパンの上を歩いているような暑さ、靴底を通して、暑さが足にしみて来る。新聞等で想像していた以外の風景が、つぎつぎ展開してゆく。相当の距離を、暑さをガマンしてたどりついた。内灘試射場の門前は、地元反対派の坐りこみ隊によって、焼けつく砂の上がおおわれていた。その一団より少し離れて、試射場の門の直ぐ横に、真黒に陽焼けした膚に黄色い布を肩よりかけた目の鋭い怪僧が、ウチワ太鼓を一心に叩いている。スリ切れた草履しかはいていない、この怪僧は、僕らが靴をはいてさえ暑いその鉄板にアグラをかいて「南無妙法蓮華経」を念じている。

……（中略）……

僕は、妙な坊主がいると思った。エラクまた強い坊主だなあとも思った。僕たちが近づくのを知って、太鼓をやめスッとたちあがり、僕達に挨拶に来た。彼は、「私は日本山妙法寺の西本です」といった。これが有名な西本氏か、と思った。西本氏に案内され、地元の坐りこみ隊に挨拶をし、それから、相当の距離を歩きにくくしかも熱砂の砂浜を、さんざん苦労して、着弾地に坐りこんでいる人達のところまでいった。その坐りこみ隊のところにゆこうと一足いれたところ、ゴワンゴワンという物凄い音がとどろいた。試射開始である。ふと、遠くを眺めたところ、坐りこんでいる人達の頭をこえて、砂煙りが浜辺にあがった。西本氏は「いつもこうなんです」と説明してくれた。「地元の人達は、決死ですよ」とも云ってくれた。僕は一瞬武者ぶるいを感じた。「クソッ、アメ軍が」と、心の中で叫んだ。

（菊地定則編『平和行進』）

一九五〇年代前半は、平和憲法をもったはずの日本が朝鮮戦争で空白となったアメリカの軍事力を補うため再軍備をすすめていく時期である。一九五〇年、警察予備隊、一九五二年、保安隊、一九五四年、自衛隊が創設された。レッド・パージなどの社会運動の弾圧も始まる。日本の民主化と非軍事化に逆行するこうした動きを「逆コース」と言う。

一方で「逆コース」のなかでも、人びとが平和を希求する運動は高まっていく。一九五四年三月一日のビキニ環礁での水爆実験に端を発した第五福竜丸事件をきっかけに、原水爆禁止運動は空前の広がりをみせていった。西本あつしが原水爆禁止運動に巨大な足跡を残すことについては次章に書くが、ここではもう少し米軍基地反対運動のなかの西本を追いかけてみたい。

風がわりな坊さんがやってきた

内灘を離れ、奥妙義にある恩賀集落に西本あつしがやってきたのは一九五三年の暮れだった。その年、隣県（長野県）浅間山一帯に米軍基地建設が日本政府より発表された。朝鮮戦争遂行のための軍事訓練所を、北朝鮮によく似た地形をもつ妙義山・浅間山麓に建設しようとしたのである。『平和の戦士　西本あつし氏追悼録』（一九六四年、群馬県平和評議会）には、妙義山米軍基地反対闘争中の西本が生き生きと活写されている。転記してみよう。序章でも紹介したが、吉田法晴（元北九州市長）が「西本坊主の思い出」のなかで、こう記している。

私が西本さんを知ったのは、昭和二七年から二八年妙義山中の恩賀部落である。朝鮮で負けたアメリカ軍は二万に近い犠牲と、ニケ師団をあとにしてその大部分が日本に引揚げてきた。朝鮮北部特に金剛山や山岳地帯では朝鮮人民軍のゲリラ部隊に徹底的にやられたらしい。そこで引揚げてきたアメリカ軍が、金剛山に似た岩山を捜して山岳訓練をやろうというので最初に白羽の矢を立てたのが、浅間山だった。浅間山を山岳訓練の舞台にしようとしたが、地評（労働組合総評議会の地方組織＊筆者）の反対に合い、浅間山の地震観測に支障を生ずるという大義名分に抗し切れず、次に白羽の矢を立てたのが、群馬県の妙義山山系の高岩山であったわけ。日米合同委員会が決定し、日本政府は調達庁と警察を使って、高岩を山岳訓練の場に、そして八方平にキャンプを作ろうとした。初め地元の松井田町をあげ、町議会の決議をして町長を先頭に全町的に反対していたものが、軽井沢への道を作ってやる、水道をひいてやるといった地元発展策というか、金を落としての切崩し策が奏功して最後には恩賀部落だけ、恩賀部落の中でも、何軒か条件派が出るという苦しい闘いになった。

群馬県高崎市の日本山妙法寺の信者、酒井長栄は妙義闘争中の西本あつしの食事ぶりや暮らしぶりについて、西本の語りを再現するかたちで書いている。

私が西本上人を知ったのは、妙義基地闘争の時からであった。「くったく」のない童顔の笑いは、妙に私の心を惹きつけて西本上人が高崎の日本山妙法寺に来たと知らせがあれば、何をすて置いても掛けつけたもんだ。

私も焼酎党だから飲みながら話し合うのが何よりも楽しみである。数が少ない言葉ではあるが、実話ばかりで理論めいた事がない実践を通して進んできた道を淡々として語り、私も常に教えられるものがあった。

長い恩賀の食生活が心配になって聞いたことがあった。そのことならまず心配ないね――。まず粉と塩と油を持っていけば、私のような健康体をやしなっていけるさと、高知なまりのユーモアに富んだ得意顔で厚い胸板をたたく。ビタミンたっぷりの若い木の芽や草の芽が野に山にいたる処にたくさんある。

粉でスイトンを作って油を入れる。これこそ最上の健康食だと、笑いながら話は続く。ところがそれを知らん他の若い者は、毎日コッペパンばかりかじって水を飲んでいるが、いくら若いと言ってもそう長くはもたんよ。

まず俺の一番こまったことは、こまったというよりは、なさけのう思ったのは、蚤の多いこと、苦になって寝れんのだ。ところが恩賀の人達はそんなことは苦にしておらん。俺もやっぱり「なまぐさ坊主」か、そう思うとなさけなくなった。蚤も生きて居るのだ。少しぐらい血を分けてやっても、俺はやせはせんだろうと思うより仕方ないさと笑い顔。でも今は恩賀の人達と同じに寝れるよ、と日焼けした顔に焼酎が廻ってきたので赤さはものすごい。幾分口軽になって来る。

恩賀の人達は土地を守るために必死である。しかし、「どこの馬の骨か知らん人達の言葉を真に受けたくない」、非常に警戒しているので、理論づくめで人の心をとらえることは出来ない。そんな理論は後にして、現在困難している道の石でも取り去ること、いきのよい恩賀の生活を作る仕事を実践することなんだ。

恩賀部落の人たちは当初、「よそ者」（政党や労働者、学生）を受け入れなかった。風がわりな坊さんである西本あつしとは話をするが、赤旗を立てる者は無視された。その西本ですら、入村当初は村人から遠巻きに見られていた。県も町も「条件派」（基地受け入れを前提により有利な条件を引き出そうとする者たち）が多くなるにつれ、恩賀は孤立していった。

そんな時恩賀にやってきたのは、内灘で闘っていた二人の漁夫だった。労働組合や学生、社会党、共産党など全部と組まないと勝てないと、漁夫たちは強調した。内灘の組織にならって、恩賀でも札束をちらつかせる日本政府に抗して「妙義基地反対恩賀同志会」が結成された。

村人のくらしの中へ——恩賀生活学校

西本あつしは昼間農家を手伝い、夜になると同志会佐藤忠一同志会会長宅で子どもたちのための勉強会を開いた。鏡川学園で鍛えられた西本は、たちまち子どもたちの心をつかんだ。

子どもたちは小学校まで二時間もかかる道を歩いて通っていた。中学生は三時間も学校まで歩いたのである。家の用事や通学の不便さが重なり、恩賀の子どもたちの学力は低かった。高校へ進学する者はほとんどいなかった。西本の勉強会は子どもと親の心に灯をともしたのである。恩賀の人たちは洞窟住まいの西本のため、八風平に手作りの小屋を建てた。

西本らは村の娘たちが裁縫や手芸を学ぶ「生活学校」開校へと動き出す。指導者は島田信子。当時私の母はレッド・パージで無給となった父のかわりに松井田町で駄菓子屋を営んだが、一九六〇年、前橋に転居後は島田信子の営む「べにや」という手芸店にビーズ編みのハンドバックなどを納品していた。信子は娘たちに手芸だけではなく、「原爆ゆるすまじ」などの合唱指導なども行なった。

この恩賀生活学校について菊地定則は次のような一文を残している。

……現地に寝とまりしていた、西本あつし、猪上輝雄[注21]などが現地とすべてに密着する斗いでなければならないと云うことから、現地の子供の教育、青年の問題、特に娘さんたちの問題とつぎつぎととりあげ、多様な連携を試みていき、成功をしていったわけでございます。こういう例は基地斗争の中では大事なことでありますが、めずらしい行動でありました。先ず、娘さんの問題として、軽井沢に出るにしても、横川に出るにしてもそれぞれ三時間の徒歩、とても洋裁などやりたくともできません。和裁だけ恩賀の婦人でできる人がおりまして、斗争前から和裁塾がありそこに通っていたわけですが、この和裁塾が（米軍基地＊筆者）賛成にまわってしまいました。このことも生活学校発想の一つの動機にはなったわけです。とに角、先生を探して、これらの娘さんの要求に応えねばならないと云うことで、先生探しに入ったわけですが、恩賀の山中にねとまりしなければならない条件では、とてもひきうけてくれる人がありません。さんざん苦労したあげく、島田信子先生に承諾願った次第です。早速島田先生に山にのぼってもらい、恩賀生活学校を開校いたしました。場所は反対同志会

【注21】　西本あつしとともに、恩賀に住み込んだ猪上輝雄は後に社会党群馬県本部書記長となるが、一九八九年に退職後に取り組んだのが群馬県における朝鮮人強制連行の掘り起こしだった。二〇〇四年に「群馬の森」（高崎市）に建設された朝鮮人労働者追悼碑は、猪上らの運動が実った結果だった。

会長の佐藤忠一宅です。今までの塾は和裁ばかりでしたが、島田先生が山に入ってからは、和裁は勿論のこと洋裁、手芸なども教えられ、はじめて習ったネクタイの編み方をすぐ役立てようと、恩賀の青年のネクタイ編みに夢中になったりしました。島田先生の献身的な努力により、料理講習会から農村の生活改善へと目が開き、封建のきずなの中にうごめいていた娘さんたちが、一斉に進歩をしてゆくわけです。

一九五五年、西本あつしは恩賀に入って二度目の正月を八風平の小屋で迎えた。一月二〇日早朝、測量会社とそれを警護する警官隊を阻止しようと、同志会の佐藤忠一会長、西本あつし、地元の人たち、労働者ら二百人が道路に座りこんだ。あつしは太鼓を打ち鳴らしお題目を唱えた。警官隊は座りこんでいた人たちを排除しようと、実力行使に踏み切った。測量隊はついに八風平に入った。だが、もみあいは続き、午後五時に測量隊は引き揚げていった。

三月一日、ラジオのニュースが米軍が妙義演習場の設置を中止すると発表した。朝鮮戦争で休戦協定が成立したこともあるが、何よりも基地を許さない闘いがあったからこその勝利だった。三月一九日には前橋市の市民公園で「妙義闘争勝利祝賀県民大会」が開催された。同じころ、娘たちの生活学校の卒業式が開催され、菊地定則が卒業証書を手渡した（**写真13**）。

写真13　恩賀生活学校卒業式　後列右に西本あつしの姿がある（菊地定則『群馬の平和運動』群馬県平和委員会、一九七一年）

高校生として妙義闘争に参加した小野寺慶吾[注22]は、こう述懐している。

……私は高崎高校の定時制に学んでいましたが、「わだつみ会[注23]」に入っていたので（＊妙義闘争に）強い関心を持っていました。

高崎高校定時制の生徒会も平和のことや（＊妙義米軍）基地のこと、原水爆禁止運動に関心が高く、弁論大会や生徒会文芸誌などにとりあげられました。妙義基地反対闘争には生徒会としては参加しませんでしたが、藤岡女子高など西毛地区の高校連絡委員会は基地反対を決め署名運動に取り組んだようです。

日本共産党の演説会が高崎貿易会館であり、鉢巻をした二人の青年工作隊の演壇からの訴えに私は衝撃を受けました。「米軍基地を絶対許してはならない。われわれは政府の測量隊を阻止するため、岩穴[注24]に野営して闘っていたが、警察機動隊につかまりロープでぐるぐる巻きにされ丸太棒にしばられた」との報告にびっくりし、なんと勇気あることかと驚きました。こうした闘いが米軍基地反対ではじめての勝利をおさめ、全国の闘いを励ましました。

一九五五（昭和三〇）年、「山の平和祭」が妙義山の八風平《はっぷうひら》でひらかれ、私は高崎市職労の仲間たちと横川駅から大きなテントを担いで登ったものです。集会は基地勝利の大集会となり、中央団体からの挨拶や、県団体の社会党、共産党、県労会議などが米軍基地闘争勝利に誇りと確信にあふれた演説をしてい

【注22】（一九三一～二〇〇九）。高崎高校定時制卒。成田山に勤務。その後日本共産党専従となり、群馬県知事選挙などに出馬。

【注23】戦没学生記念会のこと。高崎高校定時制にも支部があったと思われる。

【注24】西本あつしも泊まり込んだ千駄木遺跡（縄文時代の洞窟）のこと。一〇ページ参照。

ました。

この「山の平和祭」でもう一つ感銘したのは、日本山妙法寺の西本あつしさんに会ったことです。私は当時高崎成田山につとめていましたので、坊さんでも偉い人がいるんだなあとつくづく感心しました。私たちはテントで夜を徹して交流し、勝利を喜び合いました。私にとっては闘いに参加することの大切さをはじめて経験し、この大闘争が自分の人生の糧になったのだと思います。

（小野寺慶吾『挑戦の人生』二〇〇八年、光陽出版社）

西本あつしは恩賀を去るのがしのびなかったのか、しばらく八風平の小屋に残った。厳しい冬を二回越す、一年半の恩賀生活だった。アメリカが基地設置を断念した直後に開催された、妙義山米軍基地反対闘争勝利記念集会「山の平和祭」に西本が参加していたことが、小野寺慶吾の著作からわかる。米軍が妙義で行なう予定だった朝鮮半島を想定した山岳訓練場は、その後、沖縄のキャンプシュワブに移転された。現在、キャンプシュワブの基地機能拡大というかたちで、沖縄県民の反対の声を無視し、キャンプシュワブの海側に広がる辺野古への新基地建設が始まっている。その意味で妙義闘争はまだ続いているといえる（**表2**）。

表2　妙義山米軍基地反対闘争略年表

西　暦	妙義山米軍基地反対闘争の具体的事項
1953年	アメリカが妙義・浅間地域に山岳訓練学校・演習地の設置を要請 坂本町反対決議、松井田町反対決議、群馬県議会反対決議、基地反対県民集会、アメリカ「浅間地区は除外」を決定
1954年	日本政府基地容認閣議決定、群馬県議会条件闘争切り替え決議 妙義基地反対恩賀同志会結成、政府による切り崩し「地価の10倍」での買い上げ提示1955年、「恩賀生活学校」開校
1955年	群馬県による土地販売のあっせん開始、高岩周辺強制測量、八風平測量阻止、基地設置中止の連絡、闘争勝利記念集会「山の平和祭」に西本あつし参加

注）中束作蔵「私たち郷土を守れ！妙義基地のたたかい～アメリカの基地設置を中止させた恩賀の運動～一九五三年から一九五五年」より作成。

妙義の闘いの勝利の要因はなにか（遺稿）

二ヶ年の苦しい闘いを、故里を守って闘った妙義の一七戸の百姓を中心とした闘いを振り返ってみよう。

昭和二八年四月、妙義の軍事基地化が発表されると、地元旧坂本町はもとより、県下の各町村、自治団体はこぞって反対運動に立ち上がった。六月、高崎において、県議会、県町村長会、同議長会三者主催の県民大会が開かれた。その時参加した恩賀部落の主婦の一人は言葉少なく語った。「生まれて初めてあんな大勢の人を見た。みんな基地反対だといったが、その時同じ反対である赤旗を持って来た人達に、その赤旗を立てさせなかった。また、だん上に上がって訴えようとした青年に一言もいわさず、降ろした。そんなことを見て何かしら不安な気持がした」と。（＊その年の）暮近くになって、その時主催団体の多くの人々が裏切って基地賛成に変わっていった。地元恩賀部落でも数名の賛成者を出し、恩賀部落にとって淋しい孤立の時期が続いた。一月、東京で基地研究会が開かれ、恩賀より数名が参加。その帰り、同会に出席していた内灘の出島、浜田両氏を恩賀に迎えた。（＊二人は）内灘の尊い経験を話し、同志会結成の端緒を開き、労農提携の必要を説いた。二月、同志会は労働弁護団に白紙委任状をもって法廷闘争の共闘を申し入れた。労働者との結びつきはますます強くなっていった。

昭和二九（一九五四）年は多くのカンパ、山の平和祭、総評大会、総評加盟の単産幹部の激励団、地元労組の限りない協力、それらは恩賀同志会の人々をして、ますます労働者の農民に対する温かい愛情に満ちた協力と指導を信じさせずにはおかなかった。

老人はいった、「あの赤旗を持って来る連中はみんな俺がしんるいさ」と。

妙義の闘いが、内灘と前後して始まりながら、最初の闘いは内灘の全国的盛り上がりに消されようとしていた。その中で浅間山の基地化中止などもあり、妙義は取り残されてしまった。二十九年夏からの闘いの激しさも、日鋼室蘭の闘いに消され、マスコミの上からも遠ざけられていった。

だがその中で、群馬地評を中心とする共闘委は、地味ではあるが力強い闘いを組んでいった。生活を守る闘い、その闘いの中で、生活を豊かにするための多くの闘いが組まれていった。

農業技術の問題、婦人のための生活技術の問題等、一つ一つが着実に計画され、進められていった。闘いの二ヶ年ともに凶作であった。それでも秋の刈入れの時期には、仕事の中から歌声が湧いて出た。仕事の歌は村中に流れた。百姓の生活は苦しかった。労働者は僅かずつの米をかつぎ上げた。野菜もかつぎ上げた。生活のすべてが労働者とつながっていた。

共闘委は、娘達のために裁縫の会を開いた。娘たちは夢をもって兄弟のためにネクタイを織った。一月二十日強制測量が始められた。その時、先頭に起って闘ったのは娘達と主婦であった。武装警官に対し体当たりで向った。三月一日ラジオは妙義の基地化中止を伝えてくれた。同志会の人々は誰いうとなく集まり、緊急総会となった。老人も、大人も、子供も、婦人も娘も集まった。

妙義の基地化中止が発表されても、まだ妙義には多くの基地化の要素を残している。今後も共闘委の指導のもとに、平和のため生活を守るため、闘うことを決定した。つぎの日には、娘達が裁縫の会の中で申合せをした。花を植えよう、日本中に、平和の花を、スローガンまで決めた。「あなたの家庭に、あなたの職場に、そしてあなたの心に、花は平和のしるしです」

西本敦　宗教家　平和活動家

（「日教組教育情報」一九五五年四月掲載）

妙義闘争から六年後に書かれたこの文章を読むと、うちわ太鼓を叩きながら「南無妙法蓮華経」を唱えていた西本あつしではない、もう一人のあつしがいるような気がする。あつしがこうした文章を書く社会科学の基礎的な知識を身につけたのは、闘争の合間に訪れた全日自労飯田橋分会（東京都千代田区）ですごした仲間たちとの時間のなかからだった。

四章　砂川闘争

レッドパージと全日自労飯田橋分会

日本山妙法寺の僧である西本あつしは、東京では日本山の九段道場に寝起きしていた。九段から全日自労（全日本自由労働組合）飯田橋分会まで一・五キロ、徒歩二〇分ほどである。そこに通うようになったのは、鏡川学園時代の「無頼派」くずれの一人である杉本瑞穂が専従書記長をしていたからである。

全日自労は多いときには二〇万人以上の組合員を擁していた。全日自労の労働者は、一九四九年から始まった、土木など政府や地方自治体の失業対策（失対）事業で働いており、みずからを「ニコヨン」と呼んでいた。「ニコヨン」とは当時の東京での彼らの日当が二四〇円であり、百円札が二枚と十円札が四枚というところからきている。

失対事業について説明しよう。焼け野原となった日本の都市の駅や闇市は浮浪児や失業者が溢れた。これに拍車をかけたのが、海外からの引揚者だった。その数約六百万人。政府や地方自治体は、土木工事などを発注し、失業者に日雇いの仕事を与えた。これを失対事業と呼ぶ。失対事業は治安対策も兼ねていた。失対事業で働く自由労働者の大半は、夫や息子を戦争で亡くした未亡人や親たちだった。しかし労働環境は劣悪であり、賃金は安かった。労働者たちは待遇改善を求めて組合をつくった。この組合にレッド・パージで職を失った共産党員とそのシンパが加わり、全日自労という世界に類を見ない、企業に所属しない労働者による全国組織（労働組合）ができたのである。

全日自労では仕事現場に職場委員会がつくられ、その下に分会、分会の下に「細胞」という集まりがあった。細胞とは当時の共産党の基礎単位の組織だったことからわかるように、全日自労の中心的幹部は職場からパージされた共産党員だった。朝日ジャーナル編『日本の巨大組織』（一九六六年、勁草書房）に社会学者の江口英一[注25]が「全日自労」という次のようなルポを書き、詩を引用しているので紹介しよう。

……彼らの組織は、職場べったりに固着的でなく、きわめて弾力的である。たえず外側の、仲間である未組織の日雇や困窮者、生活保護者、さらに小零細企業労働者にも接触し、働きかけ、それを包もうとする外向性と発展性を蔵している。要求の種類によって、広くも狭くも、また幾重にも、相結んでいく。

【注25】（一九一八～二〇〇八）東京帝国大学経済学部卒。北海道大学、日本女子大学、中央大学の教授を歴任。社会学者。貧困や失業に関する研究を通して社会保障・社会福祉の分野で大きな影響を与えた。主な著作に『社会福祉と貧困』（編著、法律文化社、一九八一年）など多数。

現実的にはいかんながら、これまでは外圧がつよいので、この拠点に逃げこみ、とじこもることのほうが多いようであるが。付け加えておくと、この点で、この組合の組織人員たる一九万人というのも、ふつうの企業べつ組合の組織のように、固定的に理解してはいけない。もっと柔軟性のあるものなのである。

ここはニコヨン　八地区七班
数々の闘争　はたまた悔恨の涙
労働局の鬼めが窓から覗く
抵抗はあっても　味方はまだ弱い
或る小母さんは
自分の背丈だけのことを考えている
或る小父さんはやけくそにショーチューをのむ
みんな底抜けに　お人好し
せめて人並みな暮らしの夢を追っている
こうして今日も日雇の一日は終る
単調な繰り返しの中に何かがある
じっと仲間達の言葉なき声を　きこう
何か動いている　何か胎動している

ここは　ニコヨン八地区七班

（全日自労渋谷分会機関誌「自労しぶや」所収）

当時の日雇い労働者の状況を具体的に伝える映画がある。今井正監督『どっこい生きてる』（一九五一年）は、前進座の河原崎長十郎らが出演し、一口五〇円の出資を募集し、前進座と北星映画社が共同製作した。北星映画社はソビエト映画の配給元だった。

杉本瑞穂と西本あつしのいる飯田橋分会には、東京に来ていた鏡川学園の「無頼派」仲間が自然に出入りするようになった。大川宣純、宮地佐一郎、岡本弘らである。杉本と大川は、飯田橋分会から「にこよん詩集」というガリ版刷りの雑誌を出した。創刊は一九五三年五月。千部発行した号もあったらしい。早世した詩人の大川には「内灘に坐りこんでいる友へ」という詩があるという。「二五年のあゆみ」（全日自労京都府支部、一九七四年）という冊子には、西本あつしが飯田橋分会に出入りした同時期の労働者の様子が生々しく語られている。

あるおじさんは「六〇歳になって、好きで自由労働者になったわけではない。朝の五時に職安に来てもアブレた時は、どうしようかとがっかりします。私のシワ首を切るというならフィリピンのレイテ島で戦死した息子を返してくれ、息子の戦死で三五〇円の御下賜金とやらもらったが、ばかばかしくて話にならない。」

ある婦人は「小さい子供を残して戦争に引っぱり出されて、夫は戦死した。子供の面倒をだれが見てくれるのか、私が働かないと子供に喰わせられない、それなのに職安で働けるのは月に一〇日ほどで、毎日ナンバン粉やイモ粉を喰らわしている。誰がこんな戦争したのか」と不満をもらしていた。

「自由労働者たちの苦しみの原因はあの戦争なのだ」

杉本瑞穂から手渡されて社会科学の本を読むようになった西本あつし。先の「妙義の闘いの勝利の要因はなにか」（六三～六五ページ）はこうした学習や全日自労の労働者たちの息吹に接するなかで沸々として湧き出た文章だったのである。

砂川米軍基地拡張反対闘争

内灘闘争、妙義闘争など各地の米軍基地反対闘争に駆けつけ、日本山妙法寺の一員として法衣姿でうちわ太鼓を打ち鳴らし、人びとを鼓舞してきた西本あつしが、砂川米軍基地拡張反対闘争に参加するのは当然のことだった。しかも、闘争の主戦場の砂川は東京の立川にあり、日本山妙法寺九段道場からは電車に乗り継げば一時間の距離である。

立川飛行場は一九二二年、「帝都」防衛のため陸軍航空部隊の一大拠点飛行場として立川駅北側に開設された。その後、軍民共用飛行場となった時期もあるが、一九三一年に羽田飛行場が開かれると、戦争拡大を受けて、立川は陸軍専用飛行場に戻った。飛行場周辺は一大軍需産業エリアとなった。そのためアジア太平洋戦争末期には激しい空襲に見舞われた。敗戦後アメリカ軍が進駐、陸軍横田飛行場に司令部を置くとともに、同立川飛行場を接収し米軍用の飛行場として整備する。立川基地は朝鮮戦争遂行のためフル稼働していた。

一九五五年、米軍と日本政府の意向を受けた東京都調達局が立川基地拡張計画を発表した。その計画とは、大型輸送機ならびにジェット機発着陸のための滑走路の延長だった。延長される場所は当時砂川町と呼ばれ、桑畑が広がる養蚕地帯だった。一四〇戸の農家と農地にブルドーザーを入れる計画である。

西本あつしは、全日自労飯田橋分会の杉本瑞穂書記長に砂川の情勢を聞いた。前年の妙義山米軍基地建設反対闘争の疲れはまだ残っていたが、それでも一歩を踏み出すことにした。あつしは内灘や妙義闘争の具体的な様子を知っている。闘争のなかで女性が決定的な役割を果たしたことを、砂川の女性たちにも法衣姿で語った。女性たちは食い入るように聞いてくれた。そのなかに婦人会長の砂川ちよがいた。

砂川ちよの家は三百年近い歴史をもつ旧家で、夫は戦前の師範学校や女学校で国語の教師をしたが、病気がちであった。敗戦の年の八月二日の空襲でちよの家は全焼している。ずっと仮小屋で暮らしていたが、農地を売り、母屋を再建した。長男の連れあいが薬剤師だったので、母屋の一角に「砂川薬局」を開いた。三男二女を育てたたくましい母であった。

日本山妙法寺九段道場からの参加も増え、テントや集会所に泊まることもあった。日本山妙法寺の僧侶たちの鳴らすうちわ太鼓が五日市街道にこだまするようになった。全日自労飯田橋分会に出入りしていた鏡川学園の無頼派くずれの岡本弘が「日本山に入りたい」と所望し、リーダーであるあつしのはからいでにわか僧姿となり砂川に来ることになった。

第一回原水爆禁止世界大会

砂川闘争のさなかではあったが、西本あつしは何としても八月六日から三日間の日程で広島で開催される第一回原水爆禁止世界大会に参加したいと思っていた。それは前年一九五四年三月一日のビキニ環礁での第五福竜丸などの被曝事件があったからである。アメリカの水爆実験による「黒い雨」は、当時、南太平洋で操業していた日本のマグロはえ縄漁船を襲った。このなかには、あつしの故郷・高知の船も多数含まれていたことは前述した。

ビキニ事件を契機に原水爆禁止運動が燎原の火のように広がり、杉並の女性たちが始めた署名は三千万となった。婦人会長をしていた砂川ちよも地元で署名を集めて回った。そのちよが広島の大会に参加するという。あつしの広島行きへの思いはより強くなった。

砂川ちよは、リューマチの夫をかかえ、大勢の子どもたちを育てる女丈夫だった。砂川家は米軍による空襲で全焼したため、戦後しばらくバラックで暮らすことを余儀なくなされていた。そんなときに持ち上がった基地拡張計画にたいして、戦争を憎むちよは女性たちの先頭に立って反対したのである。

広島に行くには旅費が必要である。ちよの旅費は砂川闘争に参加している教職員組合が負担することになった。労働組合はカンパを募り、組合員を派遣することができる。だが日本山妙法寺にはその余裕はない。全日自労飯田橋分会の杉本瑞穂書記長に相談したら、「坊さんなんだから、葬式をやってみないか」と言われた。亡くなったのはニコヨンと呼ばれる日雇労働者。体に「葬式費」と書かれた布を巻き付けてあった。中には金が包まれていた。あつしは法華経を読経し、その金を受け取った。

世界大会には諸説あるが、一五か国からの出席があり、総数は三〇〇〇人近くにのぼったという。砂川ちよは原水爆禁止と米軍基地問題は密接につながっていることを分科会で発言した。この分科会にはあつしも参加し、思いを同じくした。ちよはこう発言した。

もちろん私ども町民はあくまで死活問題、生活権擁護のために闘っているのでございますが、基地拡張はそれだけではなく、人類の死活の問題にもつながる大きな問題であることを知らされたとき、私ども砂川町の婦人は立ち上がざるを得なくなりました。それは、この立川基地が、原爆輸送機の発着のため拡張されるのだ、と聞かされたからでございます。戦争の前提である基地拡張、しかも、核戦争のための基地拡張と聞いた時、私ども婦人の身の毛はよだち、胸の中は煮えくり返りました。

（砂川ちよ『砂川・私の戦後史――ごまめのはぎしり』たいまつ社、一九七六年）

流血の砂川で歌われた「赤とんぼ」

一九五五年九月一三日、砂川で強制測量が実施されたため警官隊と地元農民、支援者（労組・学生）が衝突、一四日、再び衝突、一一月五日、精密測量強行のときには重軽傷者は二〇人を数えた。こうしたなか、一二月一八日、日本山妙法寺砂川道場が完成する。

星紀市編『写真集　砂川闘争の記録』（けやき出版、一九九六年）には、「非暴力」「不服従」と筆で書かれたのぼり旗を立てた僧侶の姿が何度も登場する。写真集のなかに、西本あつしの力強い姿を見つけることができる。

激しい衝突を繰り返す地元住民・支援者（労働者・学生）たちと警官隊。砂川ちよと婦人会の女性たちも座り込んでいた。一瞬の静寂は突然やってきた。西本あつしを先頭に、日本山妙法寺の僧侶たち約十人が警棒を両手に握りしめる警官隊の前に坐りこんだのだ。戸惑う警官たち……。うちわ太鼓が一斉に打ち鳴らされ、「不服従」「非暴力」「日本山妙法寺」の旗が風になびいた。しばらくの逡巡の後、警官隊はあつしらたちに襲いかかった。あつしは血まみれになった。一九五六年一〇月一二日午後二時半、警官隊一四〇〇人が出動、「流血の砂川」が始まった（**写真14・15**）。

砂川闘争のなかで、こんな心温まるエピソードが伝えられている。砂川で対峙した農民や学生・労働者と警察官。米軍の基地拡張の要求に原因があるのに、日本人同士が対立していたときに、「赤とんぼ」の歌がうたわれた。郷愁を誘う歌が流れたことで警官隊が突入を躊躇した。当時、砂川闘争にかかわった歴史家が書いた『流行歌でつづる現代史』（一九六九年、新日本出版社）という本がある。『赤旗』日曜版に連載されたものをまとめたものである。著者は近世史研究者の高橋磌一[注26]、当時は歴史教育者協議会のリーダーだった。高橋はこの本のなかで、砂川闘争について興味深い視点から言及しているので紹介しておこう。

一九五七年のヒット曲「別れの一本杉」「哀愁列車」「ぼくの恋人東京へいっちっち」などは、青年たちが農村から離れ都会へと移住していく様子をうたった

写真14 砂川でたたかう西本あつし

（日本山妙法寺所蔵）

写真15 日本山妙法寺、砂川でたたかう

（日本山妙法寺所蔵）

ものである。そうした流れのなかに位置付けられる「帰る故郷もない俺さ」（井田誠一作詞・利根一郎作曲）の歌詞の次の部分に高橋磌一は注目する。作詞した井田誠一は、砂川闘争の地立川のすぐ近くにある八王子に住んでいたのである。

〽基地のなる村　ふるさと追われ
明日はどこゆく渡り鳥
〽おやじも　おんばも　あきらめたのか
黙りこくって道具の始末
おさらばだ　おさらばだ……

高橋磌一は砂川闘争と同時期に起こった以下のような内外の出来事について、重要な出来事として指摘している。

一九五五年四月　第一回アジア・アフリカ会議（バンドン会議）
　　六月　第一回日本母親大会開催（東京）
　　七月　日本共産党六全協（＊後述）報告大講演会
　　八月　第一回原水爆禁止世界大会（広島）
一九五六年七月　エジプトがスエズ運河国有化宣言

【注26】（一九一三〜一九八五年）東京都出身。慶応大学卒。中国への出征体験をへて、戦後学会に復帰。近世史研究、歴史教育研究を進める。歴史教育者協議会を創立。学術会議会員となる。代表作に『洋学論』（三笠書房、一九三九年）、『歴史教育論』（河出書房、一九五六年）、『牧野富太郎』（講談社、世界伝記全集、一九六〇年）、『流行歌でつづる日本現代史』（音楽評論社、一九六六年）などがある。

一二月　沖縄人民党瀬長亀次郎委員長が那覇市長に当選

砂川闘争にはたくさんの学生が参加したが、彼らは地元女性たちからたいへんかわいがられたという。砂川ちよの前掲書から抜粋してみよう。

学生さん、学連さん、ということばを口にする時の地元の人達、ことに母親達はだれもが相好をくずす。たのもしくて、かわいくて仕方がないといった様子である。それもその筈、この衝突の中での学生達の行動は実に立派なものだった。地元の人達の学生に対する親愛感、信頼感が至極当然と思われるほどそれは真心のこもった支援ぶりであったのだ。闘争の山場に入ったころからは、多い時には五百人を超す学生達が現地に泊まりこんでいたので、地元ののうかだけでは収容しきれず、砂川中学校のが宿舎として開放されていた。広い板敷の講堂へ、十月中旬といえば肌寒く感ずるころというのに、何百という空俵を用意し、その中にもぐって寝ていたのである。

学生たちは朝八時には藁クズ一つ落とさないように清掃して講堂を後にした。中学生の登校に備えたのである。砂川の人々の目には学生たちは一枚岩に見えたが、実際は分裂の渦中にあった。

翌年の一九五七年一月三〇日、在日米軍相馬が原演習地（群馬県）に薬莢拾いのため入った日本人女性を、米軍特務ジラート二等兵が狙撃し、死に至らしめた（ジラート事件）。この面白半分ともとれる殺人事件を知った砂川の人びとは、反米感情を爆発させた。それは日本全土に広がり、米軍基地拡張計画は中止に追い込まれたのである。

亀井文夫とデニス・J・バンクス

亀井文夫総編集「流血の記録　砂川」（日本ドキュメント・フィルム社、一九五七年）という記録映画がある。この映画に登場する西本あつしは、警官隊の警棒を前に無抵抗（非暴力）を貫き、入院するほどの重傷を負った。亀井は『たたかう映画――ドキュメンタリストの昭和史』（岩波新書、一九五七年）のなかで、砂川闘争と西本あつしのことをこう回顧している。

> 日本山妙法寺の坊さんたちが、あるおばあさんの家の強制測量を阻止しようと、垣根の前に立っていた。ぼくは警官隊がここを狙っているなと思った。……（中略）……やっぱり来た。坊さんが警官隊と対峙しているカットはぼくが撮影した。坊さんが、うちわ太鼓をドンドコやっている、かかれっという命令の次の瞬間、その坊さんたちがなぐられて負傷する。この時、カメラにフィ

ルムがなかった。このカメラは、正味で一〇〇呎[注27]（六五秒）しか撮れない。もう一人誰かがカメラを持っていたら撮れていたのに残念だった。翌日、その坊さんが包帯を巻いた姿で大衆の前に立ったときは、日蓮みたいでなかなかいい格好だ。

【注27】呎はフィートのこと。一〇〇フィートは三〇・四八メートル。

西本らが打ち鳴らすうちわ太鼓の音を聞きながら、米軍基地内から日本の警察の暴力行為の一部始終を見ていたのがデニス・J・バンクス（アメリカ先住民族の権利を守るための活動をしていた人）だった。バンクスは西本あつしたち日本山妙法寺の僧たちのことをこう語っている。

……デモ隊からの暴力的行為は全くなかった。暴力行為は警備にあたった警察の側から一方的にデモ隊に向けられたのだった。

フェンスの外で数名の仏教僧が太鼓を打ちながら唱題しているのを最初に目にしたのは、そんな行動を開始した早朝のことだった。仏教僧の後には何百、何千という学生、農民、市民が続いていた。仏教僧は唱題をひとときも中止することなく、穏やかにそして平和的に抗議を続けた。

それは奇妙なシーンであった。フェンスの内側には、完全武装をした私たち米軍兵士が立ちならび、外側には、自衛隊のバックアップを受けた日本の警察がならんでいる。その正面に、仏教僧たちがひたすら唱題しながら座り込んでいた。と突然、何の警告もなく警察官たちが平和的なデモ隊に襲いかかり、警棒で仏教僧を打ちのめした。あたりには血が飛び散り、それは大きな混乱と騒動に発展した。フェンスの内から私は多数の警察官が人びとを殴り続けるのを目撃したのである。仏教僧たちは打たれても、殴られても、決して殴り返そうとはしなかった。なんだって彼らは、ただ座り続けて、殴られるに任せているのだ、私には理解できなかった。どうして立ち上がり、反撃しないんだ。

……（中略）……

一九七八年に私たちアメリカ・インディアン[注28]は、反インディアン法の制定に抗議して、カリフォルニアのアルカトラス島からワシントンD・Cまでの大陸横断行進〝ロンゲスト・ウォーク〟を始めた。峰松上人や彼の仲間たちもこの行進に参加し、私たちに力を貸すといった。そして、彼は藤井日達グルジー[注29]について語った。

……（中略）……

ロンゲスト・ウォークの後、グルジーは私も日本とインドに招いて下さった。……（中略）……ある日、私に彼の仏教僧としての一生を語る写真をみせて下さった。その中に砂川闘争の写真があった。グルジーは、その事件でお弟子の一人が死んだことを話された。私も一九五六年に砂川にいたことを語った。そ

【注28】近年は「ネイティブ・アメリカン」と呼ぶことが多い。

【注29】グルジーはアメリカ先住民の言葉で「導師」のこと。

れは不思議な再会であった。私たちは互いに深く理解し合った。翌日、私は砂川闘争の記念碑を訪れ、祈った。

そのとき私はなぜデモ隊の先頭にいた僧たちが殴られ叩かれても決して殴り返そうとしなかったのか理解できた。〝南無妙法蓮華経〟の祈りは、彼らの信仰の表現であり、その祈りの力をもってのみ彼らは基地拡張に抗議していたのである。そして最後には、僧、市民、農民、学生が闘いに勝利したのである。

（「藤井日達上人上寿記念　天四海皆帰妙法」日印サルボダヤ交友会、一九八四年）

デニス・J・バンクスは日本山妙法寺に帰依しつつ、アメリカン・インディアン・ムーブメント（ＡＩＭ）の指導者として活動を続けた。

五章　「平和行進日記」一、二

「機関決定」できなかった「平和行進」

一九五八年春、東京で開催された日本平和委員会の席上で、西本あつし（当時三三歳）は核兵器廃絶を訴えるための「平和行進」の実施を提起した。「平和行進をやれば一般の人たちの関心も高まる、マスコミも取り上げる、誰でもできるし、良いではないか」といつものとおり、朴訥実直な口調で話した。

しかし、西本の提案は多くの賛同を得られなかった。「平和行進を組織としてやるとすると、準備はどうなるのか。動員はどうするのか。西本が一人で歩いただけならみじめではないか。宿泊や接待の問題の資金はどうするのか」などの意見が出て、「機関決定」することはできなかった。「機関決定」とは労働組合用語で、その組織の執行部で討議し決議することである。

「それなら一人で歩くからいいではないか」。もともと日本山妙法寺の僧侶だった彼にとって歩くことは身体に染みついたものだった。仏教には「同行二人」という思想がある。仏とともに歩くのだから一人ではない、二人なのだという信念である。西本を身近で見ていた菊地定則は、平和行進は西本が考えついたものであろうと述べ、続いてこう記している。

仏教における〝歩く〟ことには、自らを鍛える。従って誰かから指示され、依頼されるのではなく、自発的に自分をかり立てゝいくことなのである。ここには人数の問題はないし、健康の事もないし、資金をどうするかということもあり得ない。しかし実際は、この修行に民衆は感激しておさい銭をあげることになるのだが、誰にも強いることがない。従って義理で歩くとか、無理して歩くということはない。[注30]

「ヒロシマの記録　一九五八年六月」

「ヒロシマの記録　一九五八年六月」（『中国新聞』ヒロシマ平和メディアセンターのサイト）[注31]には西本あつしが広島を出発する時期の日本と世界の核兵器をめぐる動きがまとめられている。一部を抜粋して紹介しよう（傍線は筆者）。

一九五八年六月六日

琉球立法院が核兵器持ち込み反対を全会一致で決議。米空軍の中距離弾道ミサ

【注30】菊地定則編著『平和行進』一九九一年。菊地は群馬県平和委員会会長、日本高等学校教職員組合書記長、群馬県立高校校長などを歴任。

【注31】https://www.hiroshimapeacemedia.jp/?p=26277

イル（ＩＲＢＭ）ソアの沖縄持ち込みに抗議
一九五八年六月一〇日
米政府原子力委員会と国防総省が「ビキニ環礁で今年5回目の実験を実施した」と発表
一九五八年六月一一日
米核実験抗議船ゴールデン・ルールのアルバート・ビジェロ氏が記した「なぜ私は水爆実験区域に乗り入れようとしているのか」のパンフレットが任都栗司広島市議会議長に届く。「すべての核兵器の実験は野蛮であり、悪であり、人間のすることに値しないと心の中で固く信じているからです」
一九五八年六月一一日
米核実験抗議船ゴールデン・ルールに代わり元ＡＢＣＣ研究者アール・レイノルズ博士一家のヨット、フェニックスがエニウェトク環礁へホノルルから出発。広島大第二政経学部中退の三上仁一氏も参加
一九五八年六月一五日
東京で日本平和委員会が呼びかけ「日本平和大会」。核武装阻止、民主主義擁護を掲げる（「平和運動二〇年運動史」）
一九五八年六月一六日
ワシントンとロンドンで日米、日英原子力協定調印。日英はプルトニウム処分

権を日本側が持つとする
一九五八年六月一六日
日本原水協が衆院議員会館で「核武装と核実験停止を新国会に要求する請願大会」。広島、長崎の被爆者代表二〇人を含む三〇都道府県の代表八〇人をはじめ衆参両院議員一五人、仏領アフリカのスーダン平和委員会代表が出席。六月二〇日から高知市出身の仏教徒、西本敦さんの広島—東京一〇〇〇キロ平和行進実施など決める
一九五八年六月一七日
長崎市議会が、核兵器国内持ち込み反対を決議（「長崎年表」）
一九五八年六月一八日
マーシャル諸島民一六人と広島の被爆者ら三人の日本人を含む二〇人がワシントンの連邦地裁に核実験即時中止と全面禁止を提訴。被告はマケルロイ国防長官、ストロース前原子力委員長ら。原告の日本人三人は原爆乙女の佐古美智子さん、広島市議会議員土岡喜代一氏、神奈川県漁船船長。二〇人は同様手続きをソ連にも実施
一九五八年六月一九日
仏領アフリカのスーダン平和委員会第一書記ディアバテ・ママドゥ氏が被爆状況調査のため広島市入り。ＮＡＴＯがサハラ砂漠を核実験場に指定したため

一九五八年六月一九日
原水爆禁止広島市協議会（会長、渡辺広島市長）が市役所で開き、「前年まで原水禁広島協議会と原水爆禁止広島市協議会が主催で行っていた八・六大会を今年は市協議会が主体となって行う」ことを確認

西本あつしが一人で広島から東京へと歩く決意をしたのは、同年八月一二日に早大大隈講堂で第四回原水爆禁止世界大会が開催されるからであった。逆算して六月二〇日に広島を一人で出発することにした。到着は八月一一日を予定した。灰色のズボンに長袖の白いシャツ、麦わら帽子をかぶり、「広島東京一〇〇〇粁平和行進」のたすきをかけた（写真16）。広島ではプラカードを作ってくれる人があらわれるなど、西本の平和行進への支持はしだいに広がり、国鉄労働者の倉知という人から東京までの同行の申し出があった。広島県原水協の支援も大きなものがあった。西本はこう語っていた。


「歩くことなら、自分にできる。できることをやってみよう」

「けっして無理をしないように」

「悲壮感など持たないで」

「私は、死んでも東京にたどりつくなど思っていません。死んではたいへん

平和行進途上の西本あつし（親族所蔵）

ですし、命を大切にするためにこその行進ですから」

西本あつし「平和行進日記」一　広島～東京」（一九五八年六月二〇日～八一一日）の一部が『中央公論』に掲載され、大きな反響があった。本書で全文を紹介できるのは、菊地定則が冊子『平和行進』（一九九一年）に収録してくれたからである。代々木病院の精神科医・中沢正夫は『からっ風村の健康戦争　保健婦西本多美江の体当たり半世紀』（情報センター出版局、一九九二年）のなかで、あつしと「平和行進日記」についてこう書いている。

日記には、短いながら行進中の心温まる数々のエピソードが拾われている。そのことは、敦がいかつい顔、形に似ず、いかに繊細で感受性に富んだ人だったかをうかがわせている。敦もまた、早くして父を失い、住み込みで働く母に育てられるという貧しさの中で、必死に青春の出口を求めて苦闘しつづけている。貧しさと不正義の原因を求めて、信仰に、反戦運動にと、激しく自らを投棄している。その中で、不撓の克己心と反骨精神を育て、しいたげられし同じ弱者に対する反射的に献身という性格をつくっている。

「平和行進日記」一　広島～東京（一九五八年六月二〇日～八月一一日）

＊文中の明らかな誤記は訂正しておいたが、不明箇所は※印で示した。

六月二十日　広島にて

「亡くなった広島のお友だちも行進に参加している」

これは私たちが広島を出発のとき、私の胸につけてくれた広島の子どもたちの祈った折鶴に書かれてある言葉であった。

毎年のように広島を訪ねる機会があったが、そのなで今度ほどに広島の町について考えたことはなかった。訪ねるたびに緑の多くなっていることに気づき、町なみは整理され復興していった。砂ぼこりのきたない道でしかなかった平和大通りが今度ほど美しく感じられたことはなかった。しかし、立ち並ぶ家なみのうらに、美しい道路のはてに、私の考えもつかないほどの戦いの爪跡がのこされていることをわすれてはならない。

原爆慰霊碑に立ち、東京までの道を考えた時、不思議と頭に浮かんだことは、その道々の苦しみではなく、必ず歩ける、国中の平和な生活を願うすべての人々が、世界の人々のあたたかい協力があると固く信じることができた。

森滝市郎先生が出発の宣言で「平和行進はわれわれ全体が行うもので、一人でも多く行動をともにすることに意義がある」と言われていた。

出発直前に国鉄詩人同盟の倉知さんが、横浜からわざわざ行進に参加のため来られていることを知った。ほんとうに御苦労様です。見送って下さる皆さんの顔が歩きながら浮かんできてしょうがなかった。藤居さん、板倉さん、吉川さん、そしてこの急な計画にいやな顔一つせず御協力してくれた広島原水協事務局の人々。

午前十時に出発し呉への道は初日の行程としては無理であった。森滝先生、池田さん、ほんとうに御苦労様でした。池田さんと私の故郷高知を旅したことを話し合った。抗議船を出そうとした時期のことなど。

呉市までの途中と呉市までの行進参加者が第一日目であるにかかわらず多数あるのにはちょっとおどろいた。この宿について、市役所の方が、松本市長さんのお使いだといって靴を持って来て下さった。市長さんは、私の靴を見られて心配して下さったのだそうです。有難いことです。

解説　地元紙『中国新聞』は出発の様子を「広島―東京平和行進の高知県出身西本敦さんが広島市の平和記念公園原爆慰霊碑前から『原爆を許すまじ』を歌いながら行進開始。「原水爆禁止・核武装阻止・民主主義擁護のための平和行進」。出発式では渡辺広島市長、森滝市郎原水禁広島協議会理事長、被爆者代表の吉川清氏が励ましのあいさつ、約一〇〇人が最初を共に歩く」【注32】と伝えている。

【注32】「ヒロシマの記録一九五八年六月」中国新聞ヒロシマ平和メディアセンター（hiroshimapeacemedia.jp）

「原爆を許すまじ」は重々しく悲しみに満ちた曲である。歌詞は四番まであり、一番は「街」、二番は「海」、三番は「空」、四番は「世界」を歌っている。作詞は東京下町の工場労働者だった浅田石二（本名・河上増雄、山梨県身延町出身）、作曲は都立日比谷高校の社会科教師木下航二（後述）、発表は一九五四年七月末。この年の三月一日にビキニ環礁でアメリカは水爆実験を行なっている。第五福竜丸で被曝し、原爆症で亡くなった久保山愛吉さんの葬儀で「原爆を許すまじ」が歌われた。ロシアによるウクライナ侵略戦争で使用が危惧される核兵器。歌詞の「三度許すまじ」は現在の課題なのである。

木下航二編『原爆を許すまじ――世界の空へ』（あゆみ出版、一九八五年）によれば、「原爆を許すまじ」が全国に拡大するきっかけは、国鉄労働者のうたごえ運動だったという。西本は国鉄労働者の倉石と「原爆を許すまじ」を歌いながら平和行進の第一歩を広島から踏み出した。

六月二十一日　安浦町にて

呉市の方々に見送られて出発、昨日につづいて各地で数百名が集まり迎え送って下さった。今日は市街地を離れて田舎に入ると参加者もだんだん少なくなり、正午前にはとうとう倉知さんと二人になってしまった。最初から一人になることもあるだろうと思っていたが、幸いまだ倉知さんがいて下さった。
二人で峠を越えた時の暑さは苦しかった。道の両側の山畑は長い間の日照りのために、水気が完全になくなり、田植えの時期を迎えてからから畑を耕している。早く雨が降らなければ。

解説　戦艦大和は呉市にあった呉海軍工廠で建造された。安浦町は現在は呉市安浦町（二〇〇五年編入）となっている。広島から呉まではそれなりの人数が歩いたが、ここにきて二人になった。海沿いの道は一部で、ほとんどは山間を歩いた。晴天であり暑かったと思われる。筆者も毎年のようにこの時期に京都府宇治市から京田辺市まで平和行進に参加したが、熱中症が心配なほど日差しがきつく、急の大雨に遭遇したこともあった。
「この世界の片隅に」は呉市を舞台にしたアニメ（片渕須直監督、原作はこうの史代の同名漫画）。軍都呉市で戦中を生き抜いた一人の女性（すず）の体験を描いた作品は多くの人びとの共感を得たが、西本あつしも広島から歩く先々で人びとの支持を集めた。

六月二十二日　竹原にて

今朝峠を越すまでの子供達の参加の多いのにはおどろいた。通過する町々の子供という子供は全員参加したのではないだろうかと思う程であった。子供たちがプラカードを持って行進の先頭を歩いてくれる。私は婦人の方と原水爆禁止の運動や広い平和運動について話し合いながら歩いた。

夜の懇談会において――。原水爆禁止運動は国民運動である。赤い旗があるのはこの運動に誤解を受けやすい。この運動はある一部の国から資金が送られて来ているのではないか等の意見が出された。

一に対しては、この運動は国民運動であるから誰でも参加できること。そして赤い旗を持った人々、それ等は働く人々、労働者の方達である。労働者の方たちがこの運動に熱心である。そのためにその人々の旗が出されるのは当然なことであろう。みんなが熱心に協力してみんなの旗を出したらこの問題は解決されるだろう。

二の問題については、この国民運動といわれる運動に参加している人々は、そんな問題を越えてみんな協力している。運動に参加したならば、資金はどこから出るのか一番わかります。一人一人の募金から出るのです。

解説　平和運動だけではなく、市民運動、社会運動には分裂、分断がつきものである。この国を支配する少数の人びとは、支配を容易にするため豊富な資金を使い、運動を分断する。悲しいかな、分断はそれなりに成功をおさめた面も否定できない。西本あつしは原水爆禁止運動をどうまとめていくかに腐心していた。それが、「歩く」という誰でもができる行動提起だったのではないだろうか。

六月二十三日　三原にて

昨夜、東京よりＷＲＩ（国際戦争抵抗者同盟）の竜さんがかけつけてくれ、行進に参加される。竜さんはどんな場面でも行進をつづけられるように、寝袋を持ち、食糧を持って大きなリュックを背おって来られた。有難いことです。

忠海町を経て、砂ぼこりの暑い道を歩いていたら、一人の青年が追いかけて来てアイスキャンデーをくれ数時間行進に参加してくれた。その青年が内海の島を指していろいろと話をしてくれた。戦争中、あの島で毒ガスがつくられた、あれが毒ガス島です、あの島で毒ガスをつくるためにこの近くの若い者がみんな勤めねばならなかった。その毒ガス島で働いていた人は、ちょっとしたことにも憲兵の眼を感じなければならなかった。この島で働いていた人々は毒ガスのため体をおかされて、病気で亡くなっていく人々がある。これらについてはどこからも補償はされていない。

三原の町の近くで私たち三人の行進者は休んだ。一人の老婆が豆を干していた。その老婆は私たちの行進が平和の行進であることを知ってその身の上を話してくれた。一人の息子を南方の戦争で亡くし、一人娘は戦災で負傷し、こんな年になって故郷に帰って親戚から僅かの土地を借りて百姓をして暮しているとのことであった。戦争の残した傷痕である。途中で一人のお年寄りが合掌し送ってくれた。お年寄りの目は涙で一ぱいであった。私も何か涙が出て仕方がなかった。

三原市において被爆者の方々と懇談会を持つことが出来た。

解説　毎年行なわれる平和行進には「通し行進者」がいる。全行程を歩く人のことだ。西本、倉知の二人に、今回竜（ＷＲＩ）が加わり三人になった。

道路の右手は瀬戸内海、大久野島が見える。この島では戦時中に毒ガスが製造され、中国戦線などで使用された。戦争遺跡に平和を学ぶ京都の会の池田一郎先生（故人）と調査に行ったことがあるが、島内にある資料館で「松風」（京都のメーカー）という名の入った陶器の皿を見つけた。化学変化を受けにくい陶器は毒ガス製造にはなくてはならないものだった。近年、大久野島はウサギの島として有名になったが、このウサギは毒ガス実験用のウサギの子孫だとのこと。西本あつしは行進中に出会った人びとのことを几帳面に記録している。敗戦から一三年が経っていたが、各地に戦争の傷痕が残っていた。

六月二十四日　尾道にて

今朝、宿を出て行進の出発点である駅前まで一匹の子犬が私達と共に歩いてくれた。本日の行進、人間多数、犬一匹、とみんなで大笑いをした。平坦な道であった。

尾道駅前で突然一人の婦人がとびだして来て頑張って下さい頑張って下さいと合掌しながら泣きながら激励して下さった。

解説　涙もろく人情家の西本あつしは、ユーモラスな人でもあった。だから多くの人たちに愛されたのかもしれない。「人間多数、犬一匹」で大笑いする様子が目に浮かぶ。沿道で激励を受ける様子から、戦後一三年が経過していたが、戦争体験はまだ風化していないことがわかる。

六月二十五日　福山にて

今日初めて雨にあった。どしゃ降りの雨に頭からうたれて、植物の気持がわかったと大笑いをした。

遠くの田圃で田植をしていたお百姓さん。道の両側から田植をやめて道路に向かって走り出した。何事かと思って見ていると、みんな平和行進を迎えるために道路の両側に出て、土まみれの手をふって迎えて下さった。

松永市役所では、どしゃ降りの中で数百名の人々が雨にぬれながら歓迎の式を開いて下さった。そして雨の中をみんな行進をつづけて下さった。

解説　この日が広島県での行進の最終日だった。沿道で手を振るだけではなく、各地の市役所にも訪問するなど、精力的に活動していることがわかる。

六月二十六日　笠岡にて

広島県の行進を終って岡山県に入る。広島県下でいくつかの懇談会をもち、何回かの話をくりかえしてきた。

ある町での懇談会の後に私の宿に来て下さった老人の心配について――。

その老人は懇談会での私の話を聞いて、あなたの話を聞いて非常に驚いた。あなたの話の内容は昔でいうと軍の秘密事項である国の秘密だ。沖縄のこと、核武装の件、南朝鮮での原子演習のこと、あなたはどこで、どうしてそんな話を聞いてくるのか、と心配顔で聞かれた。私の話の内容が如何にも一部の人々の代弁であるかのような聞き方であった。

私はその老人に、私の持っている各新聞の切り抜き（朝日、毎日、読売）を一枚一枚見せてその記事を説明した。老人はじっと聞いていたが、最後に一言「わかりました。新聞にそんな重大なことが書いてあるとは知りませんでした」と言っててい ねいに挨拶をして帰られた。早朝老人は出発する私に、この町でもおかげ様で原水爆禁止の運動は大きくなるでしょう、といって激励して下さった。

六月二十七日　玉島着

玉島の歓迎の盛大なのにはちょっと驚いた。金光町では民主婦人クラブの方々が盛んに旗をふって送って下さった。市役所前の歓迎式五色のテープと、市民の熱心な歓迎には頭が下がった。それとともに何か申し訳なく思ったり、ガラにもなくはずかしく感じたりした。

本日より玉島の白銀山病院の瀬崎先生をはじめ岡山の原水協の方が県内をずっと参加するために来られた。増本さんは東京まで参加されるそうである。ほんとうに感謝します。増本さんはキリスト教平和の会の方である。深い信仰は人間に強い行動を求めることを知らされた。

この行進に参加する人々もいよいよ広がっていった。神を信ずる者、仏を信ずる者、そしてそれらを否定する人々、信じない人々。おじいさんいつまでもお元気で。またいつか必ずあなたの町を訪ねます。有難うございました。

解説　二〇二二年一一月一三日、治安維持法犠牲者国家賠償要求同盟（国賠同盟）岡山県本部定期総会記念講演に呼ばれ西本あつしの話をする機会があった。講演後、上品な感じの高齢の女性が私に話しかけてきた。「西本さんに児島の市役所で会っています。母といっしょでした」と。当時は小学校五年生だったそうである。華やかな歓迎式典の盛大さに西本ははずかしがっていたそうだ。その西本を、目を細めてみている女性たちの姿が目に浮かぶ。

現在玉島市は倉敷市の一部となっている。倉敷は倉敷紡績発祥の地で、孤児救済に力を尽くしたキリスト教徒の大原孫三郎が社長だった。

六月二十八日　倉敷にて

歩きながら労働者の方達と行進について話し合った。この行進が東京についても各国は原水爆の実験を直ちに中止してくれると思われない。そして日本の核武装化もなしくずしに進められつゝある。しかし、私たちは、私たちの願いを、意志を強く示さなくてはならない。署名を通じ、大会を通じ、そして行動によって、行動は自らの意志を、平和への願いをより強め、実在のものとして確信を与えてくれるものである。昨年の抗議船も決して特攻隊的なものではなく、マグロの漁場を失う漁民の切なる願いと、強い抗議の表れであった。私達はこの行進が強くつづけられ、日本列島がブルブルと身ぶるいする程の力を示すまで行進をいろいろな形でつづけようと話し合った。

六月二十九日　岡山にて

岡山市に入って、今年最大の核実験の行われたことを知らされた。

平和の行進が広島を出発した時は、東京まで歩く者は一人であった。しかし今ではもう三人になった。そしていつでも行進する者が百名近くなった。一日一日大きくなり、行進を迎え送って下さる人々もその数をだんだん増して来た。東京に着く頃にはたいへんな量になるだろう。こんな時にアメリカの今年最大の実験が行われたと知らされ、その怒りはどうすることもできなくなった。

市役所の前には、安井原水協理事長、平野平和委員会理事長の顔が見えた。

解説　戦後、ビキニ環礁を日本から譲渡されたアメリカは、ここを原水爆実験場とした。一九五四年三月一日の水爆実験が有名だが、それ以外にも水爆実験四回を含む二三回の核実験が行なわれた。住民は強制移住させられたが、第五福竜丸をはじめとする日本のマグロ漁船とともに住民も黒い雨に打たれ被曝している。西本あつしの核兵器廃絶の強い意志は広島・長崎が被爆した歴史とともに故郷高知の船が被曝したビキニ環礁での核実験を知るなかで培われたものであろう。

六月三十日　岡山――瀬戸へ

岡山市内を出て農村地域になると労働者の参加はぐっと少なくなっていった。しかし、婦人会や、高等学校、中学校、小学校の参加は多くなった。今日は消防団の人々も行進に参加して下さった。途中の田圃の中から畑から激励して下さったお百姓さん達の姿はわすれることはできない。

七月一日　瀬戸――三石間

ぶどう畑のある静かな村を通過した時、十数名の中学生達がみんな自転車で行進の一行の前になり後ろになって参加して下さった。

どの村を通っても、どの町を通っても、青年の方達が先頭にプラカードや横幕を持って町の一口にて迎え送ってくれた。

一人の青年は自衛隊の話をしながら、自衛隊の給料はいくらくれるのだろう、と聞いていた。食事と衣類など全部ついて一万円はくれるのだろうか、等といゝながら、いまはなかなか仕事がないからね――とたくそく（※嘆息）していた。このような青年達が喜んで働けるような社会を一日も早く。

途中の休憩した町の町長さんは関東大震災の直後、大杉栄の殺されたことを聞き、直ちに岡山で戦争反対の集りをもった。そして戦争中はいつ検束されるか、いつ検束されるのかと自分よりも廻りの者が心配していたと、そして農村の運動について話して下さった。

今日で岡山の行進を終り、明日は兵庫県に入る。はや二つの県を通過することになった。岡山の農村の方々の熱心な激励と参加には感謝します。この土地には私が不幸な子供たちと共にしていた当時、度々訪ねた土地であり、また平和運動でも先輩や友人の方が多い土地である。

亡くなられた少年の丘の坂本先生はその中でもわすれる事の出来ない一人であり、行進の途中僅かの時間しかお話出来なかった山本先生、そして広島に出張しておお目にかかれなかった田上兄等。いつも思いながらも御無沙汰している人たちばかりである。

解説　都市部では労働組合員の参加が多かったが、農村部になると児童・学生が参加してくれるようになった。これは教職員組合の教員たちが子どもたちに平和行進の意味について教えていたからである。消防団や農作業中の人の激励を受け、西本あつしの気持ちはますます強くなっていく。町長から聞く関東大震災と大杉栄などの虐殺、治安維持法体制の過酷さなどもあつしは記録している。

西本あつしは高知県立鏡川学園（現在の児童自立支援施設「希望が丘学園」）指導員時代、岡山で戦争孤児を収容していた「少年の丘」を何度も訪ねていたことがこの日記からわかる。「少年の丘」は鏡川学園と同様県立の教護院であり、岡山県立成徳学校が正式名称である。「少年の丘」は愛称である。岡山市には岡山孤児院もあったが、教護院という関係で「少年の丘」の方に行く機会（子どもたちの引き取など）が多かったのだろう。いずれにせよ、こうした「戦争孤児」たちとともに暮らした体験が、あつしの平和運動の原点となっていたことはまちがいない。

七月二日　三石——赤穂

赤穂市に到着。市長さんの力強い激励を受けて宿舎に入り一休みしていると面会人だとの知らせを受け、玄関に出て見ると、二人の少女が立っている。お上がり下さい。と声をかけると、玄関を背にしてはずかしそうである。私も玄関におりて、裏の海岸にさそい、やっと海岸に出て話を始めようとしてもなかなか糸口が出ない。行進の写真の出ている雑誌を室より取り出して、贈ることにし、写真の説明をつづけていくうちにやっと話しを聞くことができた。

二人の少女は今日平和行進が自分たちの学校の前を通ると知らされて、お友達みんなと行進のくるのを待っていた。しかし、とうとう行進は学校の前の道を通ってくれなかった。だから宿舎まで訪ねて来たとのことであった。私はおどろいて、いろいろ調べてみたが少女たちの学校の前を通る予定はない。誰かが行進の話の中で話したことがまちがって伝えられたものらしい。少女たちにそのおことわりをしたり、今日までの行進の途中のことなどを話しているうちに、二人の少女はポケットよりマッチ箱を取り出して、私の前に出し、これを持っていって下さいといった。何ですかと聞くと、少女達の開けた小さなマッチ箱の中には少女達のつくった小さな折鶴が一ぱいにつめてあった。それらの折鶴には一羽一羽に文字が書いてある。

ガンバッて下さい。戦争はいやです。
子どもたちのことも考えてください。
将来の子供の事も考えてあげましょう。
日本を平和に。

とこんな言葉が書かれてあった。折鶴は早速東京に送ることにした。いろいろと話しているうち一人の少女の家にはまだ電灯のない事がわかった。この少女の一家も戦災にあい開拓者としてこの地に来ているらしく、未だに電気が引けていないらしい。戦争の痕はこの少女のうえに電灯のない生活として未だに残されている。一日も早くにこの少女の家に電灯のつくことを願わずにはおられない。

解説　この地域の新制中学校の前を平和行進が通過するという情報が流れ、生徒たちは待っていたのだろう。ところが行進は一向に来ない。二人の少女が代表して宿舎に来たのは、平和への祈りを込めた小さな小さな折鶴をマッチ箱にぎっちり詰め、西本あつしに手渡すためである。『平和行進日記』のなかで、あつしの文章は生き生きと少女たちの様子を伝えている。一人の少女は戦災にあったため開拓村に移り住んでいた。しかし、敗戦から一三年経ても電灯のない生活を送っていたのである。「一日も早くにこの少女の家に電灯のつくことを願わずにはおられない。」と記すあつしの筆には、少女への人間としての限りない温もりを感じる。

開拓村とは、敗戦後に増大した引揚者や復員軍人、戦災者を、日本国内における稲作のできない未開拓地（傾斜地・湿地帯など）に入植させようとする国策であった。約二一万戸が入植したが、一九七五年の事業終了時点で営農していたのは半分に満たなかった。

七月三日　赤穂――竜の《ママ》（＊竜野）

広島を出て僅か十四日、まだまだ多くの日数を歩かなければならない。ここ数日の町や村や、そして一つ一つの部落での参加はその数をいよいよ増して来た。どこでも部落中の家にいるもの全部が参加したという感じである。今日は一人の老婆が涙ながらにキャラメルを下さった。そしてがんばって下さい、お願いしますと励まして下さった。ヴィタミン剤を下さった青年。モナカを宿についてたべて下さいといってくださった婦人会のお母さんたち。美しい花束を下さった子供会の子供たち。

私は息子を亡くしましたと一言いって後の方に行かれたお母さん。

みんな戦争はいやだといっているのが私のからだにうちつけられるように聞こえて仕方がない。

疲労を感じて仕方がない。雨にぬれたせいかとも思う。

解説　出発してから二週間が経過し、新聞での報道や口コミで平和行進のことが伝わっていることがわかる。「どこでも部落中の家にいるもの全部が参加したという感じ」という西本あつしの実感はまさにその通りだったのであろう。人々の反戦への思いの強さに心打たれる。

なおあつしの疲労感は、もしかしたらその後にあつしを苦しめる糖尿病の兆候だったのかもしれない。

七月四日　竜野――姫路市

昨夜、私が座談会に出席している留守の間に、土地の警官一人丁寧に挨拶に来られて、東京から御参加の方は何とおっしゃる方で、他にどのような方が御泊りでしょうか、と聞きに見えたそうである？

夜の座談会には労働者の人々と母の会の代表の方々が集まって下さった。労働組合の方々は「われわれは平和の運動に協力し、自分達でも平和の運動を進めて来た。しかし、われわれは職場に帰ればアメリカ軍の兵器を修理せねばならない。朝鮮戦争の時には徹夜で軍需物資の移送をつづけなければならなかった」と発言があった。私はかつて妙義の軍事基地反対運動の中で、反対運動を続ける部落の青年数名は軍事道路の工事現場で仕事をしなければならなかった苦しい気持と、現在の日本の社会の矛盾について話し合い、この多くの矛盾をなくすためにみんなで努力することを約束した。

母の会の代表の方は、お母さん達は集まると子供のおやつのあたえかたとか、夏のあそびについての話はよくするが一番大切な平和の問題については何も話し合おうとしないと発言。お母さんたちに原水爆や平和のことについて知ってもらうことが先ず大切なことである。そのために、その日その日の新聞に出たいろいろの記事について一言でも、二言でも必ず一日何回かお母さん方に伝えよう。そして自分の家で新聞を見たら重要な記事には赤線を引いていそがしいお母さんが一目にわかるように協力をしよう、等と話し合い、みんな一人一人のなすべきことが話しの中からわかって来たようであった。

解説　西本あつしは座談会で妙義闘争のことを語りつつ、人生に矛盾はあるのだ、それをなくすために努力するかどうかだと訴えている。新聞記事に赤線を引くことを推奨しているが、こうしたやり方は全日自労飯田橋分会のなかで身につけたものだろう。警察がつきまとっている様子もわかる。

七月五日

今日も昨日の広島で被爆された御一家が全員で参加されていることを知る。有難うございます。被爆されたお母さんどうか御体を大切に気をつけて下さい。有難うございます。

元気な二人の子供達いつまでも元気で大きくなるように。あなたのお母さんや、あなたのお祖母さんたちの苦しみは再びあなた達の上に来ないようにあなた達の健康を祈ります。

解説　生き残った被爆者たちは広島から出て、他府県でひっそりと暮らしていた。そんな時、核兵器廃絶・戦争反対を訴える平和行進が広島から来ると聞いた。西本あつしの元に駆けつけた被爆家族の思いはいかばかりだっただろう。

七月六日

いよいよ行進は大きくなって来た。

赤い旗、青い旗、黒い旗、キリスト者平和の会、人類愛善会、戦争抵抗者同盟、社会党、共産党、プラカードを持った高校生の参加が見られた。彼等は日曜日でないと参加できないのでわざわざ今日行進に参加のため遠くの町からやって来たそうである。

被爆者の会の方がプラカードを持って行進された。プラカードには「被害者はわれわれだけでたくさんだ」と書いて、広島の原爆ドームの画がかいてあった。そして被爆者の方々のいろいろのことについて話して下さった。この地方には拾数名の方がいるがなかなか連絡がとれない。被爆者であることをかくすと言うよりも余り被爆者などと言ってもらいたくない気持が強いとのこと。被爆者の医療法をもっと生きた法律にすること、そして一日も早く援護法の制定が必要であることを話しあった。

解説　兵庫県に入り、行進に参加する人が増えたのは、メディアや口コミで西本あつしの行進が伝わっていたからだろう。日記に出て来る被爆者援護法の制定は、西本あつしの平和行進から三六年後の一九九四年のことである。それまでの被爆者を対象とした特別法は廃止された。援護法制定後も、被爆者認定をめぐり裁判が起こされるなど、前進ではあるが不十分な法律だった。

七月七日　明石――神戸

すでに十万人の人々が参加したと伝えられる。炎天下の行進、一同疲労回復のため注射を受ける。山陽電鉄家族組合の方々の御協力により美味しいお弁当をいただく。

途中須磨公園近くで自衛隊の高射砲隊と思われる集団と会った。アメリカなみの服を着た人々よりも平和行進の人々の方が胸をはって歩いているように思えて仕方がなかった。いや確かに平和行進のみんなは恐れるもののない行進である。持っている旗の色はみんな違うかもしれない。みんなの思想は違っているかもしれない。しかし、みんな一つに向かって進むことができるからであろう。自衛隊の人々のように同じ服は着てはいない。自動車に乗ってはいない。高射砲も、鉄砲も持ってはいない。しかしみんな自らの良心に従って戦争のない社会を築くために、人間が滅びないために、みんな歩いているのだ。

人を殺す武器は誰も持っていないのだ。

解説　西本あつしの非暴力平和主義が格調高く詩的な表現で語られている。旗や思想はちがっても平和のことで心を合わせようと訴えている。一日の行進参加者は数百人規模になっていた。

七月八日　神戸――西宮

三十六団体以上の人々が参加、兵庫原水協の事務局の人々を中心に、岡本先生、副島先生、柳田兄などみんないつも御世話になる人々ばかり、本当に御苦労様です。

柳田兄の子供さんと奥さんが御病気とのこと。一日も早くお元気になりますように。

西宮市では、ブラスバンドに数千人の大衆参加を得、市役所で大衆集会が開かれた。

婦人会のお母さん達の御世話になってゆっくりと休ませて戴いた。

解説　ついに一日の参加者が千人規模となった。鏡川学園時代の知人や、米軍基地反対闘争のなかで知り合った人たちとの邂逅も西本あつしの楽しみであった。

七月九日　西宮市――大阪

白衣を着けた西宮医療連合の方々が参加。国道の両側は各学校の生徒達で拍手の連続、各労働組合、婦人会、宗教団体も参加、数千名の行進は続けられた。

大阪に入る。淀川べりには大阪原水協会長の小畑忠良先生らたくさんの人々が迎えて下さった。小畑先生は私の顔を見て、「やあーずいぶん元気だーずいぶん元気だ。コロンボの時より元気じゃないか」と言って肩を抱いて激励して下さった。

大阪府立盲学校の生徒さんたちが、自分達も平和行進に参加したい、自分たちにできることは行進のつかれをなおすアンマを通して参加したいと、私たちはアンマを受けるような身分ではないが、生徒さんたちの平和行進の参加の気持を聞くことが大切であろう。ありがとうございます。

都市の行進、五色のテープ、ビル窓からは紙ふぶき、平和のハト、ブラスバンドの先導、ほんとうに皆んなが喜んで参加されているようです。私といっしょに歩いて下さった朝鮮佛教会の方々、ほんとうに御苦労様です。

あなたたちと私達がいっしょに仲よく平和の行進をすることができるのです。あなたたちのお国と私達の国が仲よくできないはずはないと思います。一日も早くみんなの国が仲よくできる日を、そのために歩きましょう、とこんな話をしながら歩いた。

解説　行進参加者はどんどん増え続け、数千人にも膨れ上がった。「コロンボの時より元気じゃないか」と西本あつしに声をかけたのは、大阪原水協会長の小畑忠良である。あつしは日本山妙法寺の藤井日達とともに前年の一九五七年、世界平和評議会コロンボ（現スリランカ）大会に参加したが、その時のことを小畑に言われたのだろう。小畑は戦前、大日本産業報国会事務総長、官選の愛知県知事をつとめたが、敗戦後は一転弁護士登録し、平和運動に参加した。戦争推進の責任を問われてＧＨＱの指令で公職追放となったが、一九五一年に解除され、その後大阪原水協の会長に就任し、あつしと接点をもつことになった。革新系の立場から大阪府知事選挙にも三度立候補している。幅のある人だった。

七月十日　大阪――高槻

今日から中島さんが参加された。中島さんは大阪で紙箱の製造をして居られるそうで、昨夜家族会議を開いて参加を決められたと言って元気な姿で第一日目を歩かれた。

奈良の原さんと真田さんが参加、共に天理大の学生さん達である。

途中、吹田市、茨木市、高槻市、みんな思出の多い町々であった。そしてそれらの町々のみんなが全市をあげて平和行進に参加をされた。

茨木市役所の吉原先生は私が未だ少年の頃二宮尊徳翁の話を聞き、本をお借りしたことがあった。あの戦争末期赤紙をもらって宮崎の部隊に入った時、尊徳翁夜話と数冊の本と共に持って行った。夜の私物検査の時、私の本を見ていた若い将兵は、尊徳夜話をとり上げ、夜の話とはけしからん、軍隊を何と思って入って来たか、と云ってなぐられた事があった。たしかに夜の話には違いはなかった。

笑ったら気違いの様におこった事など思い出した。

高槻は、南の島で戦死した兄がながく住んでいた土地で、家なみなどにも思い出すことのできる場所もあった。広島で御両親をなくされた、杉沢さんの勤めておられる工場の前は花束を贈られ大歓迎であった。杉沢さんも高槻まで参加して下さった。杉沢さんは歩きながら原水協の人々や被団協（被爆者団体協議会）の人々とお会いすると、いつも初めての人でも前から知っていたような気持がして仕方がないと話して下さった。ほんとうにみんな兄弟のように暖い友情にみちているのです。

みんなこんな暖い人々の集った国々が社会に冷い社会と云われなければならない。この行進に対してもみんな一人一人は良き人々なのに、私はこゝ数日来、冷い空気が流れているのが気になって仕方がない。

解説　「吹田市、茨木市、高槻市、みんな思出の多い町々」「高槻は、南の島で戦死した兄がながく住んでいた土地」と日記にあるように、西本あつしはこの地に土地勘があった。あつしは大正一四（一九二五）年一月二三日、高知県土佐郡朝倉村朝倉に、あつしの兄・精哉（南部ニューギニアワイゲオ島で戦死）は大正一一（一九二二）年一〇月一七日に大阪市東区清水谷西ノ町に生まれた。兄はあつしの二学年上である。兄弟の父の職業は不明だが、西本家が各地を転々としていたことはわかる。知人もいたのであろう。兄の戦死は、あつしに反戦平和への思いを強くさせたと考えられる。軍隊での理不尽な体罰もあつしの原点になっているにちがいない。

七月十一日　高槻――京都

古い街道を歩いた。舗装されていないデコボコの曲り角の多い道であった。昔の大名の通った道を今日は平和を願う大衆が歩いていった。

曲り角の多いのは、大名達が通ると、百姓や町民はその行列の見えなくなるまで頭を下げていなくてはならないので、早く行列が見えなくなるように道を曲げてあるとか、こんな話を土佐で聞いたことがあった。

ベニガラで塗った格子の多い古い民家の前を行進して行ったら、真っ白い髪の老婆が一人で手を振って送って下さった。暑い、ホコリの多いデコボコ道路だったが、何か静かな道であった。

京都市に入る前、向日町の役場で、京都の西野さんから金銀のすばらしい千羽鶴を贈られた。首にかけるように美しくつくられたもので大へんな根気を必要とするものである。

この願いを、世界大会に集った人びとに伝えたい。

三井寺で開かれている、部落解放同盟青年部の集りに出席、日本の未来をきずく人々と話し合う事ができました。感謝致します。みんなで幸福な日の来る日まで、そのことのために考え合い、話し合い、励まし合って。

旧西口街道と新国道との交差点で面白い場面が表れた。新国道をキャタピラの音も勇しく進んで来た自衛隊の戦車（アメリカ製）と、旧街道を進む平和行進がいっしょになってしまった。

戦車は交差点百米余りのところで止ってしまった。次から次から来る戦車もその後に続いて止ってしまった。交通整理の巡査はサッと手を挙げて平和行進に進めの合図をした。長い平和行進は歌をうたいながら赤い旗や青い旗、戦争反対のプラカードを持って、戦車の前を通っていった。みんな気の毒な人々を見るような眼で、横目でちらちらと見ながら、鉄の戦車は黒い汚物のかたまりの様に国道の上で死んでいた。

呉の松本市長さんからいただいた靴もついにかかとがぺしゃんこになってしまった。新しい靴を求めて今日までの私の肉体の一部とさようならをした。

解説　「三井寺で開かれている、部落解放同盟青年部の集りに出席」とあるが、兵庫県にも京都府にも三井寺はないので、これは滋賀県大津市の三井寺ということになる。平和行進を途中で抜けて三井寺に行くことはしないので、翌日のことだろうか。不明である。

自衛隊の戦車と遭遇し、「鉄の戦車は黒い汚物のかたまりの様に国道の上で死んでいた」と書くなど、西本あつしは詩人のような表現するようになった。「新しい靴を求めて今日までの私の肉体の一部とさようならをした」も同様である。

七月十二日　京都——大津

今日は外国代表も行進に参加。

西ドイツのアンデルスさん、ペルーのゴウトフレッドさん、オランダのドボックさん、みんな私よりずっとお年の方たちである。しかし元気で歩かれた。アンデルスさんは私に「あなたの勇気に敬服しました」と言って下さった。私はそんな勇気を必要とする運動を始めたとは思わない。何時でもどこでも誰でもできること、それは歩くことである。だから私は誰でもできる平和行進、歩くことをつづけているだけである。余り考えすぎられても困る。

舞鶴から、京都まで百三十キロを四日間歩き続けて参加して下さった亀岡の大本青年会の人達が黒いハッピで歩かれた。御苦労様でした。お疲れになったと思います。本当に感謝致します。

解説　西本あつしはいつも「何時でもどこでも誰でもできること、それは歩くこと」と語っている。その愚直さは人の心を打つ。

京都北部の舞鶴はシベリア抑留者引き揚げの港である。平和行進の二年前の一九五六年まで引き揚げは続いた。

舞鶴から歩いて参加した大本教青年会の取り組みはその後各地で取り組まれる「網の目行進」の原型かもしれない。「網の目行進」とは、西本らの本行進に各地から行進しながら合流するというやり方である。大本教は戦前二度にわたり治安維持法違反容疑で徹底的な弾圧を受けた。そのため平和への思いは強いものがある。

七月十三日　大津——近江八幡へ

今日の行程四十四キロ、一同の中に暑さと長距離のため食欲不振の者が出る。みんな自分の体に無理のないよう。歩けるだけ歩くことです。人間が幸福になるための行進の中でもしものことがあっては大変です。皆んなで命を大切にしましょう。

野洲町の青年団から一行にムギワラ帽子を下さった。感謝いたします。みんな新しいムギワラ帽子をかぶり真黒い顔で白い歯だけ笑っている。

解説　暑さが厳しくなったことや、行程が長くなったことで体調を崩す者が多くなった。西本あつしは行進参加者を気遣いながら、白い歯を見せて笑う。あつしの笑顔は人々を励ます不思議な力をもっていた。

七月十四日　近江八幡――彦根

昨日の疲れも見せず皆んな元気で歩かれた。いくつかの町で子供達ばかりの歓迎を受け、子供達ばかりにお話をした。ありがとうございます。平和の行進が町につくまで暑い日照りの中で一時間近くも待って下さったそうです。申し訳ありません。愛知川の皆さん、あなた方の町を通過することが出来なかった事を深くおわびします。熱心にお迎え下さって有難う。必ず世界大会の後で御伺いします。

今日の道も長かった。曲がった道であった。

昔、朝鮮の使者を迎え、せまい日本を広く見せるためにぐるぐると曲がって歩いた道で、朝鮮街路というのだと説明して下さった。

解説　西本あつしは「朝鮮街路」と書いているが、これは「朝鮮人街道」のことである。中山道の脇道で、野洲で分かれ、琵琶湖沿いを通り彦根で中山道に合流する。江戸時代に朝鮮通信使が通ったことで朝鮮人街道と呼ばれるようになった。中山道沿いにある愛知川に寄らなかったことをあつしが詫びているのは脇道を通ったからである。

七月十五日　彦根――長浜

米原町から二人の老婆が歩かれた。腰の曲がった二人は若い者と一緒に行進された。朝鮮の人々であった。飛行機が盛んに低空で写真を撮っていた。長浜市の盛大な歓迎会に出席、市中行進中に一人のお百姓さんが自転車で行進の行く先々に先廻りして迎えて下さった。眼に一パイの涙をうかべ、声の限りの万才をして迎えて下さった。

解説　低空で写真を撮っていたのは新聞社の小型飛行機だろうか。平和行進はある種の社会現象となり、熱狂的な出迎えを受けるようになっていた。この日が滋賀県最後の夜となった。

七月十六日　長浜——大垣

五十キロ近く歩く、伊吹山の麓を通り関ケ原を越えて大垣市へ、連日の疲労からか昼食を完全に喰べた者二、三名、食欲がなくなってしまったらしい。関ケ原を越えて垂井町で休んだ時、お宮の泉が全く冷たくて、みんな盛んに頭を冷やしていた。一生懸命にビラを配っている中年の人がいた。ビラには、「一人の弟を広島の原爆でなくしました。原爆絶対禁止のために力をあわせましょう。体を大切に行進して下さい。」と書いてあった。

解説　平和行進一行が休憩に立ち寄ったのは、垂井町の雨宮大社と思われる。それとも街道沿いの「垂井の泉」だろうか。ともかくそこで冷水を浴び、一息ついたのである。

七月十七日　大垣――岐阜

毎日その通過する町や村で数えきれない程の人々が参加されている。その中に多くの被爆者の方々がいる。今日も休憩の時、ちょっとみんなから離れて汗をふいていたら、私は長崎にいました、といって私の手を取って下さった方がいた。何もいわずに全身からでる声が、たった一言「お願いします」。歩きながら考えた。この一言の中にどんな多くの言葉にも、どんな立派な言葉の中にも聞くことの出来ない大切な言葉を聞いたように私は感じた。「お願いします」。ふるえるような声であった。そして力のこもった声であった。涙の声であった。私は未だかつてこんな力強く私の心を打つ声を聞いたことがなかった。私の全身がその声を聞かなくてもならない。

第三回の原水爆禁止世界大会のあと、アメリカの代表、ホーマー・ジャックさんは広島を訪ねて被爆者の方に会い「アメリカは大きな罪を犯した。この罪がゆるされるだろうか」と聞いたとき、被爆者の方は、「その罪はゆるされる」と答え、ホーマー・ジャックさんは「どうすればゆるされるか」と聞いた。「アメリカは原水爆の実験を中止することだ」と答えたと言う。ホーマー・ジャックさんは、日本に来てよかった。アメリカの犯した罪がゆるされる事を知った、と言って喜ばれたとの話を思い出しつつ歩いた。

本年最高の三三・七度と聞いて途中でおどろいた。舗装道路のアスファルトがとけて、靴にくっつき、一歩一歩にピタピタと音をたてて歩くことに困難を感じた場所もあった。みんな道の端を数列になって歩いた。水を頭にのせたり、首にあてたりしながら、それでも歩く速度が早いので注意を受けた。毎日歩き続けると、腰から下が機械のように動いている。そして自分では早く歩いている感じではないがみんなから見ると実に早いらしい。

暑い時ですから早く歩かないと体がまいりますよ、と話しながら歩いた。

解説　長崎で被爆した人に出会い、西本あつしは心を動かされた。宿舎で書く「平和行進日記」の筆に力が入ったのが文章から伝わってくる。広島・長崎への原爆投下の罪が許されるとしたら、それはアメリカが核実験を中止することから始まるという言葉に、あつしは共感する。人は過去に何をしたかではなく、今何をしているかが問われるのだと……。歩きながらあつしの思索は深まっていく。思索が深まることは苦悩も深まることにつながる。平和行進は連日千人を越す人々が参加していた。

七月十八日　岐阜――津島

笠松町の役場で一と休み、その時笠松の町の有志の方々の提案により、米英のヨルダン・レバノン派兵にたいする抗議を行ってただちに米英両国大使館に抗議電報を打つことを決定。

岐阜県を通過、愛知県へ

七夕祭りできれいに飾った一宮市を市中行進。一匹のセパードが原水爆禁止と書いた着物を着て参加。

公園の集会のあと、一人の老人から渡された紙切れにこう書いてあった。

「もっとハッキリと戦争の準備をしているものたちの事を言って下さい」

今日から三重の西村さんと若林さんが東京まで全行程に参加して下さる。原水協の方も一緒に見えて居られた。

解説　「ヨルダン・レバノン派兵」とは、米英によるレバノン内戦への干渉派兵のことである。一九五六年、エジプトがスエズ運河の国有化に成功するとアラブ民族主義が台頭し、一九五八年五月八日、レバノンの親米キリスト教政権に反対する運動が高まり、衝突事件（第一次レバノン内戦）に発展した。同年七月一四日、イラクの王政が倒れ、中東は軍事的に不安定な地域となっていた。七月一五日、アメリカは国連安保理において「レバノン在住アメリカ人の保護、レバノン政府の保護」を目的に派兵したことを宣言した。イギリスもこれに従ったが、米英の軍事介入に対する批判が国連内で高まり、緊急総会で非難決議が可決され、米英軍は一〇月に撤退せざるを得なくなった。

西本あつしは「原水爆禁止」の一点で共同して平和行進を続けている。それを反戦の訴えが弱いと言われる。「米英のヨルダン・レバノン派兵にたいする抗議」は、笠松町の有志たちに押し切られるかたちで行なったと思われる。シェパード犬が「原水爆禁止」の着物を着て歩いている姿にあつしが惹かれたのは、平和運動内部の複雑な問題に心を痛め始めたからである。

七月十九日　津島から名古屋へ——名古屋にて

昨日のワン公、今日も原水爆禁止と書いた着物をきせてもらって参加。暑いのでハアハアと息を切らし、途中の小川で水浴とシャレていた。

東京までの行進をする者十二名となる。

名古屋の町が終戦後幾度かくる度に立派になっていくのにはおどろく他はない。一ケ月前に来た時と今度市中行進をして見た名古屋とは大きく違っているのにびっくり。名古屋の自然体が何か動いている感じである。テレビ塔下の「核武装阻止と民主主義擁護のための愛知県民集会」にも二千名近くの人々が参加しているると思った。簡単なあいさつを行なった。今日はなぜか私自身疲労を感じ話をする声が腹の底から出ず、うわずった声になってしまった。

全行程の三分の二、約六百五十キロ、肉体的な疲労と云うより、数日来の心配のためだろう。

解説　西本あつしが一か月前に広島から始めた平和行進は、東京までの全行程の三分の二を終えた。愛知県民集会には二千人近くが参加し、あつしはあいさつする。しかし、声は上ずっていた。「数日来の心配」の具体的な内容はわからないが、多くの団体が参加する平和行進になったが、一人ひとりの顔が見えないこと、平和をめぐる方針の対立などによる心労があつしを痛めつけていたのに違いない。

七月二十日　名古屋――刈谷　刈谷にて

日曜日のせいか子供たちの参加が多い。子供の手を引き、一方にプラカードを持ったお父さんの姿にはほのぼのとした暖かいものを感じた。

行進の最後尾を見ようと思ったが、とうとう見ることが出来なかった。一番多くなったときは三千五百名をこえたと知らしてくれた。今日から大阪盲学校の堀口さんと吉井さんの二人が参加されることになった。堀口さんは全盲、吉井さんは半盲、無理をされないように、みんなで自分の体におうじて歩きましょう。決して無理のないように。平和行進はみんなが参加する行進です。

悲壮感など絶対にもたないで下さい。今朝も一人参加希望者の中に死んでも東京までと言われた人がいた。死んでもらってはたいへんです。もっと命を大切にして下さい。

大府の町でもたくさんの子供たちとお母さんが迎えて下さった。まだ小学生にも行かない二人の姉妹が千羽鶴を折り続けて、今朝やっと出来ましたと言って贈られた。

ほんとうに原水爆禁止はみんなの願い。

解説　この日は三千五百人を越える参加者となった。これだけの人数になると、参加者は多様化していく。幼児たちも参加するようになった。西本あつしは確信する。「原水爆禁止はみんなの願い」なのだと。

七月二十一日　刈谷――挙母　挙母にて

台風が近ずいたらしく強い風が吹き、雨のまじる時もあった。みんな横幕、プラカード、旗を持って苦労して歩いた。

解説　夏なので日差しの弱い曇りや雨の日は、行進者にとってそんなに苦痛ではない。じりじりと照りつけるような強い日差しは時には死をまねく。台風なのでかなり強い風が吹いていたのだろう。

七月二十二日　挙母――岡崎　岡崎にて

講演と映画の会が準備されていた。台風がいよいよ近ずいて来たので心配していたが、会場には多数の人達が集っていた。

若い人々との懇談会を持つことができた。よせ書きをつくって下さった娘さん達は、今夜にこゝに来たことがわかるとむずかしい問題が起こるかも知れないと、名前も言わずに帰られた。平和運動に対する誤解と、理解してもらうために説得を考えて、今日までの運動に深い反省をしなくてはならない。

熱心に平和を願う娘さんたち、ご苦労様です。

有難うございます。

解説　平和運動に対する偏見（西本あつしは「誤解」と書いている）は当時からも根強いものがあったことがうかがえる。あつしはそうした状況をなんとか変えたい、説得したいと考えていた。そのためには自らの運動への反省も欠かすことができない、そうあつしは決意していたのである。「若い人々との懇談会」とあつしは言うが、当時の彼は三三歳だった。

七月二十三日　蒲郡にて

昨夜のうちに台風は関東方面に通過したらしく気持ちのよい空を眺めて歩いた。途中、保育園の子供達が小旗を持って送ってくれた。旗のない子が小さな手を一生懸命に振っていた。

各町村でお寺さんの参加がいままでよりも多かった。市中行進では、蒲郡中学のブラスバンドが先導、音楽のわからない私には先頭を行く、指揮者の中学生の立派な指揮を見ながら感心して歩く。

今日は土用の牛（＊「丑」）の日だといって、うなぎを御馳走して下さった。美味しく戴きました。

解説　西本あつしは元日本山妙法寺の「坊さま」であり、各地で闘われた米軍基地反対闘争に法衣姿、うちわ太鼓を鳴らし、非暴力的な抵抗を行なっていた。これらの情報は各地の寺にも伝えられていたのだろう。寺院から僧侶が参加することも珍しくなかったという。蒲郡で寺院の参加が多かった理由はわからないが、組織する人がいたのかもしれない。この日は土用の丑、うまそうな顔をしてうなぎを食べるあつしの顔が目に浮かぶ。

七月二十四日　豊橋にて

豊橋に入ってからは、行進は二千名を越す。

強い風雨の中で市民大会が開催された。強い雨の中でじっとたって居られるみんなの姿に頭の下がる思いがした。

大阪の中島さんにお孫さん生まるの電報があり、大会で一行を紹介の時に発表。全員よりお目出とうの言葉で祝福された。女のお子さんだそうです。お目出たいことです。

解説　これだけの規模の行進や集会となると、地元にも大きく報道される。すべての地元紙を調査したわけではないが、ほとんどの地域では史上最大の行進となっていたことは間違いない。

七月二十五日　浜松にて

いよいよ静岡県に入り、いつもではあるが県境において、今日まで行進を共にして来た人々とわかれて、新たな県に入る時感情的になりやすい。愛知の人々と行進の引きつぎを行って、双方の挨拶のあと、いつものように私が今日までの県にお礼を、そして今日からの県側の人々に挨拶する。暑い日も雨の中も一週間近くも共に歩いて下さった人たちとの別れ、よく歩いてき来た体はどうか、疲れてはいないかと、新に見守る日焼けしない顔、日焼けした顔の人々が、こまかい注意をして下さる。

キリスト者平和の会の人々が参加されている。療養所の車が赤十字のマークをつけ、行進の前になり後になって進んでいった。

豊橋からずっと歩かれている女子学生の一団がある。彼女等は実に元気で疲れを知らないような歌をうたい、元気に笑ってプラカードを持っている。この一団は昨日も参加していたらしい。

今日は五十キロ近くを歩いて、全行程の中最高の行程となる。

中島さんのお孫さんの御祝いの寄せ書きを送る。

浜松盲学校生徒さん達によるマッサージ奉仕を受ける。

解説　現在の平和行進でも行進の引き継ぎ式は行なわれる。その原型は西本あつしの始めた平和行進にあることを改めて確認した。学生の参加が多いのも特徴としてあげられる。この日、それまでで最長の五〇キロを歩いた。参加者が増えたことでさまざまな意見があつしの元に届くようになった。

七月二十六日　磐田市にて

今朝浜松市出発に当たり一少女より千羽鶴を贈られる。この少女も私達が広島を出発と共に折り始めてやっと仕上がった。

平和行進が今日町に着くまでは、原水爆には反対だが核武装はせねばならんと言っていた人が、今日の行進には参加されている。

核武装に反対かどうかを誰かゞ聞いたところ、その人は一言「よいことはよいのだ」と言って行進を続けられたそうだ。

よいことはよいのです。

解説　「原水爆には反対だが核武装はせねばならんと言っていた人」が行進を続けることに対して、西本あつしは肯定的に受け止めている。行進という行動により人間は変わっていくのだと楽天的に見ているのかもしれない。

七月二十七日　掛川にて

「生命を生み、育てる者は母親である」と書いた旗を持ったお母さんが参加された。母親大会準備会のお母さん達だった。

一人の婦人は今朝から四、五回も熱心な拍手で迎えて下さったことに気がついた。私達を迎えるためにか、仕事のためか行く先へ行く先へと廻って迎えて下さった。今日一日の行程を終って宿舎につく前に笑って見送って下さる御婦人にいくつかお会いした事のある顔だなと思い、考えながら歩いた。どう考えても思い出せない。たしかに今朝から数回いつも町の歓迎の列の先頭で拍手をして下さった婦人であった。

有難うございます。

プラカードを持った中学生も参加。

東京に近づくにしたがって、大人も子供もみんなが、町ぐるみ、村ぐるみでの参加が多くなり、行進はいつも数百名となった。数千名の行進が、一時間後には数百名となることもある。しかし、大きくなったり小さくなったりしながら、東京に一歩一歩と近づいて来た。

解説　平和行進には通し行進者と、各府県での行進者、沿道のみの行進者とさまざまな参加の形態がある。だから、行進者の数は膨らんだり縮んだりする。東京に近づくにつれ、行進は少なくても数百人規模になっていた。先頭を歩くのはずっと西本あつしである。

七月二十八日　島田にて

菊川町では四名の被爆者の方が居られ、その一名が亡くなられたと町長さんが言って居られた町議会全員が参加された。

ボーイスカウトがプラカードを持って参加、はじめてのことである。映画館の広告プラカードにも原爆反対、核武装阻止と書いてあった。

子供達は手に手に小旗を持って参加、小旗のみでも六●（＊不明）本を作ったと説明された。

解説　焼津が近づくにつれて核兵器廃絶の機運が高まっていることが、西本あつしの日記からも伝わってくる。町議会全員、ボーイスカウト、子どもたち……。平和行進の輪が地域で大きく広がっていた。

七月二十九日　焼津にて

焼津市に入ると、市の代表と共に久保山愛吉氏の未亡人すずさんが迎えに来て下さった。

四年前の恐ろしい出来事、平和な時に平和な海で起きた不幸なる事件。東京駅に久保山さんの列をお見送りした事など頭の中に浮かび上がって来た。

五時半から市中行進。久保山さんのお母さん（七十六歳）が外国代表と共に行進された。千数百名の人々が行進。メーデー以上の数とのこと。

第五福竜丸、四年前のあの二十三人の人々のうち今も船に乗っている人々は二、三人しか居られないとのこと。その他の人々は、多くは陸上の仕事に転じ、その多くの人々が焼津から離れていると説明された。

近くの高等学校の生徒さん十数名が見える。高校生の平和運動について、原水爆禁止運動について、原水爆禁止運動を始めようとしたら、政治的な目で見られた。どうすればよいか。平和の行進には町や村の代表が参加した。だからみんな安心して参加した。平和の問題は決してみんなの問題にはなっていないと思う。

高校生の参加が少ないのはどうしたことだろう。

いろいろの問題が出された。

いろいろ批判された時に、いつも自分たちも反省して見ようなどと話しあった。今後の連絡を約束してわかれた。

解説　西本あつしが平和行進を始めたのは、広島・長崎の惨禍を目の当たりにしたからである。さらに一九五四年三月一日の南太平洋ビキニ環礁でのアメリカによる水爆実験で焼津港の第五福竜丸が被曝し、乗組員の久保山愛吉さんが放射能障害で亡くなったことも大きな動機になっている。あつしにとって焼津は特別な地域であった。原水爆禁止運動は大きな国民的な運動として組織できるとあつしは思い、誰でもが参加しやすい平和行進というかたちを提起・実践してきたが、それでも「政治的な目で見られる」など問題は少なくなかった。運動が広がれば広がるほど「批判」も強まっていく。

七月三十日　静岡にて

久保山さんのお墓に全員でお参りした。

オランダの代表は自分達の団体のリボンを静かに墓前に置き、じっと頭を下げていた。

アメリカのフィラデルフィア、ニューヨーク間の平和行進に参加されたハーバード・テーラーさんが参加。行進の先頭にあってビラを配って居られた。インドから来日中の三人の方々も参加。行進は国際的ないろをこくして進んでいる。

解説　四年前のビキニ事件は世界に大きな衝撃を与えた。西本あつしが始めた平和行進は、そのビキニの記憶をよみがえらせる役割も果たした。一方この時期、一九五六年の「原子力博覧会」につづき、日本政府は原子力「平和」利用（原発）についてキャンペーンを行なっていた。あつしが平和行進のため広島を出発する直前の一九五八年四月、五月には広島市内で「広島復興大博覧会」が開催され、原爆資料館は一時的に「原子力科学館」と名称を変え、核兵器と原発は別、という意図的な展示が行なわれていた。

七月三十一日　清水にて

平坦なよく舗装された道であった。しかし猛烈な暑さのため全員大汗を流しての行進。一行の疲労の深まりを心配しつゝ、歩く。

みんなよく頑張った。

八月一日　吉原にて

各市町村では必ずと言ってよい程佛教団体が参加。労働組合は通過地域のみでなく遠くの地域からの参加が多くなって来た。八月六日を迎えるみんなの気持がハッキリと示されている。

晴れの日ならば富士のよく見えるところであるのに今日はあいにくの曇りで見ることができない、残念で仕方がない。一行の中で富士を見ながら歩くことを楽しみに歩いて来た人たちも多く、昨日から富士富士と盛んに富士の話を続けていた。

インドの代表が、ミノバーの行進について話をして下さった。すでに十年近くもインドの国を歩きつづけているとのこと、ガンジーの教えを守る人々の行動である。彼らの行進には政府の協力があるとも言っていた。日本の大衆の行進に参加しておどろいていた。行進の食事のお世話を婦人会が、宿舎の準備を佛教団体が、行進の主体を労働組合だと説明したら二度おどろいていた。

解説　行進しながら、西本あつしは参加者との会話からさまざまな知識を得ていく。江戸時代、江戸から京都に向かう東海道では、富士山がつねに右手に見えるが、吉原宿付近では道が大きく湾曲し、富士山が左手に見えるようになる。これを左富士と呼び、歌川広重の東海道五十三次にも描かれた名所であった。西本あつしらは東京（江戸）を目指していたので、富士山は左手にあったが、吉原あたりでは右手になるはずだった。吉原は平和行進から八年後の一九六六年、富士市に編入された。

インド代表の言うミノバーの行進とは、ガンディーの始めたイギリスによる塩の専売に反対する「塩の行進」のことではないか（四〇ページ参照）。インド代表のおどろきは、日本の平和運動を担う人々の多様さだったのだろうか。

八月二日　三島にて

今朝のニュースに、アメリカでは静岡産のお茶に放射能が検出されたので、日本茶の輸入を禁止したと出ている。アメリカは放射能の含まれたお茶ならば輸入しなければそれでよいかも知れない。しかし私たち日本人は、そのお茶の取れた、同じ土地で作った野菜やお米を喰べて生きてゆかなければならない。このことについて行進参加者の中で余り問題となっていない様子。原水爆禁止と死の灰の問題とまだまだ身近に感じるだけになっていない。

解説　西本あつしは、平和問題を世界情勢の中で語るのではなく、身近な日常として捉えねばならないと考えている。いわば生活者の目線を大切にしているのである。

八月三日　熱海にて

東京への道で最も難所と言われた箱根もこえ、そして熱海へ。やけつくような暑さ、急な坂道、水の不足、みんな苦しそうに歩いていた。長い道を歩いて来た一行の関東入りの喜びは、今日の難所をこえさせてくれた。途中の伊豆逓信病院では足の弱い人々のために車を提供してくれた。沼津、三島、どの町も大きな行進であった。盛んな歓迎、挨拶、講演会、座談会、運動はいよいよ大きくなって来た。

私はいつも行進の先頭を歩いていて、行進が大きくなると共に足が地についていない感じがだんだん強くなってきた。

どうにも仕方がない気持ちがつづく。歩き疲れたのか、どうか。はじめのような人々との接触がなくなってきた。

解説　平和行進を提唱した西本あつしはすでに著名人になっていた。そのため彼に声をかけるのは、さまざまな団体の責任者などになっており、普通の行進者との接点がなくなってきていた。そのことをあつしは嘆いているのである。

八月四日　小田原にて

静岡のみなさんと別れて神奈川へ。

日焼けした静岡原水協の望月さんに一同深く感謝。望月さんは県下のほとんどの全行程を先頭に起こって指揮をして下さった。広島から今日まで、運動が強いと言われた町や村よりも弱い弱いと心配された町や村で大きな大衆の力を感じた。望月さんも言っておられた。「余り心配するよりもやって見ることですね。どんな田舎でも、一つの工場もなくても、行進が進んで行くと、或る村はお母さん達が、ある町では青年達が、誰かが中心になって準備を進めてくれていた。運動を進める者は決して一部の指導者ではないことをはっきりとしめしてくれた。神奈川原水協の多数の人々に迎えられて最后の通過県に入る。

今度の行進では、二宮尊徳翁に何か関係ある人々や、地方と縁を持つことが出来た。茨木の吉原先生、掛川で求めることができた報徳社に関する書物、そしてこの宿。

尊徳翁が貧困と荒廃が人間の最も悲しむべき事であると説き、その復興と繁栄のために多くの行動を通じて人々を起ちあがらした事実をもっと深く学ばなければならない。とくにその根本であるといわれた報徳仕法についてはもっとみんなで知るべきであろう。とくに運動をするも人々には必要だと思う。

平和運動は、人間が幸福になる運動であるならば、その運動を進めてゆく行動の中で一人一人が幸福になる確信を持つことの出来ることが大切である。

解説　西本あつしが二宮尊徳や報徳社に関心があるとは、この日記を読むまでわからなかったが、どうやら平和運動に対するある種の疑問が広がり、報徳思想に惹かれたのかもしれない。大動員をかける労働組合などではなく、市井の人々とつながりたいと願うあつしの思いが行間に感じられる。平和運動のなかで対立が起こる、人間を幸福にする運動がなぜ人間を不幸にするのかなど、今につながる問題である。私の身近にも少なくない事例が今でもある。

八月五日　平塚にて

今朝、小田原を出発の時、昨夜のお宿の水の美味しかったお礼を言ったことから、同行者の一人と水の味についての話をしながら歩く。私も水の味について今ほど感じた事はなかった。話には聞いたことがあった。昔江戸のお茶の師匠が弟子に、京都の加茂川の水を汲んでくることをたのんだ。弟子は途中の川で水を汲んで来たが、しかし師匠はその味をみて加茂の水ではない事をいい、弟子に再び水を汲みに行かす。弟子が数度目に加茂川の川端の水を汲んでくると、師匠はこれは川端の水だ。たのんだのは川の中の中流の水だと言う話。

数年前、セイロンのダルメスワラ長老を御案内した時、寒い一月の早朝、せめて水など御馳走しなければと、一升ビンをさげて遠くまで水を汲みにいかれた護国禅寺の玄忠和尚さん。みんなに御無沙汰ばかりしている。

解説　日記は水のことばかりである。それほど小田原の宿の水が西本あつしにとっては美味かったのだろう。ひどく暑くて疲れていたからかもしれない。

八月六日　藤沢にて

八月六日、それは〝うらみの日、悲しみの日〟である。アメリカは人類の歴史で最初に、私達日本人の頭の上に原爆を投下した。

私たちは広島、長崎の悲劇をくり返すなと叫びつづけて来た。日本人の受けたこの被害はいまだにいやされることなく、多くの人々が苦しみつづけている。そして地球上の大気は、その汚染は恐るべき事態になってしまった。

アメリカは日本人の頭上に最初の原爆を投下した。どうにも出来ない事実であろう。最も深い、人間に対する罪悪である。しかし私たち日本人も、かつて誤った指導者の存在をゆるし、そのもとに多くの罪を犯して来たことを忘れてはならない。世界の国々に、アジアの兄弟達に、中国の兄弟たち一人一人を苦しめた事をわすれてはならない。平和運動に参加する者にとって、この罪の認識を強く持つことが重要なことである。罪の認識は個人にとっても、国々にとっても重要なことである。

平塚の宿舎にて全員、静かに黙祷を捧げる。二時より藤沢、鵠沼海岸、聶耳記念碑前で歓迎集会が開かれた。

インドの代表と共に聶耳記念碑に花を捧げる。

残念なことに、碑文を書いてあった銅板が盗まれたままになっている。盗まれたのは昨年だと聞く、その碑文は

「耳を傾ければ、われわれはいつでも
聶耳のアジアの　解放の声を聞くだろう」。

一日も早く碑文をもとどおりにする努力をしなくてはならない。昨年七月、中国を訪ねた時、戦争の苦しみを話してくれた人々、原水協の木葉バッジをあげたら、とても喜んでくれた少年文化宮の若い娘さん。たくさんの中国の人々のことを想い出しながら――。

解説　聶耳《にえある》記念碑は一九五四年に藤沢市に建てられた。聶耳は中華人民共和国の国歌「義勇軍行進曲」の作曲者である（作詞は田漢《でんかん》）。一九三五年に来日し、鵠沼《くげぬま》海岸で泳いでいるときに帰らぬ人となった。聶耳の生まれ故郷の昆明市と藤沢市は一九八一年、姉妹都市提携を結んだ。西本あつしは、平和

行進の前年の一九五七年、世界平和評議会コロンボ（現スリランカ）に日本山妙法寺の藤井日達とともに参加し、帰途中国を訪問、周恩来らと会談するなど、日中友好の志を強くもっていた。

なお、広島や長崎で被爆したのは日本人だけではなかった。当時は十分認識されていなかったが、多数の朝鮮人や連合国軍捕虜なども犠牲になったのである。

八月七日　横須賀にて

今日行進中二人の少年が参加。その一人が一枚のビラを持って来て、これ僕が作ったビラですと言って一枚くれた。そのビラには日本の核武装について簡単ではあるが重要な事が書かれてあった。一人の少年が誰に聞いたのか、また新聞から抜き書きしたのか。自分で印刷して自分で配る。大人でも誰でも出来そうであってもなかなか困難な事を、少年がやっている。

私たちは歩いてきました。そのためにビラを印刷しました。その印刷したビラは東京から各地に送り配られました。昨日からビラが無くなっています。私達は自分達で印刷することも出来るのです。しかし印刷することをわすれていました。少年よ有難う。私達は本当の行動をあなたたちによって知らされました。

横須賀に入って行進は千数百名となる。米海軍司令部の前を通過の時、米兵が整列してアメリカの旗と日の丸の旗、国連の旗をおろそうとしていた。独立国と言われる国の中に外国軍隊の基地が置かれ、その前を私達は「核武装阻止と民主主義擁護」のプラカードを持って歩く。いつの日か、あの建物にむかって堂々と日本人が歩いて行く日が来るだろう。その時の日本を独立国と言うのです。

この町で今から数年前、「基地の子供を守る会」が開かれ、初めてアメリカ軍の基地で苦しむ日本人のことが、全国から集まって話し合われた。その時議長をされていた広田さんが、いま神奈川原水協の事務局長さんです。そして今日お会いした市議会の方々の中にも、その時の人々が多く居られた。みんな変わることなく運動をつづけておられる。自分をかえりみて、努力のたりなさを深く反省する。

夜の市民大会には、インド代表のカリムラさんが東京から来て下さって、力強い御挨拶をされる。集会に集まった人々の中に、海上自衛隊の服装をした人々が数名熱心に耳を傾けていた。

解説　少年たちが持参したビラに西本あつしはいたく感激した。かつて鏡川学園の指導員時代、「平和新聞」を印刷し、高知市内に配布したことを思い出したのだろう。行進が大人数になればなるほど、自分で作ったビラのことが気になってくる。日米安保体制下の日本は独立国ではないとあつしは言い切っている。この時代の課題を私たちは今なお抱えている。とりわけ沖縄で……。

八月八日　三浦にて

東京より新聞社の人々が見えて、今日までの行進をふり返ってみての話をする。原水爆禁止の運動はまだまだ拡がることを感じた。村や町で原水爆禁止の運動、平和の運動が初めてであったと言うところが多かった。運動が大きくなったとか、政治を動かすとか言われても、私には未だ実感として感じられない。巾を広くとか、スジを通すとかの問題も出されたが、巾を広くして通らぬスジでは困るし、スジを通して広がらぬ巾では困る。多くの町や村での、多くの人々は、多くの事を知らされていない。現実の放射能害についても、核武装の問題についても、もっと知っていただくための努力をつづけなくてはならない。

その努力をつづけることによって初めて国民運動となり、政治を動かす力が湧いてくるであろう、とこんなことを話した。

解説　市民運動のなかの政治的課題について、いつも議論になるのが「巾を広くして通らぬスジでは困るし、スジを通して広がらぬ巾では困る」であり、そのために現実に起こっていることを知ることが大切だと言う西本あつしの主張には納得するものを感じる。日記が演説調になっているのは新聞社の取材があったからである。

八月九日　鎌倉にて

多くのアメリカ軍兵舎が無人のまゝであるのに気がつく。何か転用する方法はないものだろうか。いつか原子力研究所をこの附近につくると言う話があった。原子力研究所は困る。

海の平和祭前夜祭に参加。盛んな歓迎を受ける。

会場を出て宿舎に向かって歩く途中、飛鳥田先生が車でかけつけて来られ、激励して下さった。内灘や、山形、砂川等いつも御世話になって来た方である。

夜店で楽焼を見つけ、一行でサインを始める。何か書けと言われても何を書くのか考えたが、よき言葉も思い出せないまゝに書く。

「人間は歩くことが出来る」

「歩くと前に進みます」

「道があるから歩く　道がなくても歩けばよい」

「前方に向かってゆっくり歩け」

「昨日の夢を追うよりも　明日に向かって歩くこと」

いろいろと書いてみた。

今から七百四年の昔、日蓮聖人が辻説法を始められた土地である。日本を正しい国にせんと、時の政府に反対し、命がけの抵抗を続けられた御姿を、権力に追従することなく、その生涯を貫かれた強い信念を。

「日蓮は今宵、首を切られにまいるのです。だが、嘆いてはなりません。これこそが日蓮が、この数年間、ひとえに願ってきたことなのですから。この世では、雉となれば鷹につかまれ、鼠となれば猫に食われ、あるいは妻子のために、敵のために、領地のために、命を棄てるものは、数かぎりないほどあるが、未だ法華経のおんために、命をささげたものは一人もありません。日蓮は僧侶の身と生まれて父母の孝養も思うにまかせず、国恩に報いる力もない。されば今こそ、この首を法華経に奉って、その功徳を、父母にそなえ、そのあまりを弟子檀那たちにわかちあたえよう。」と竜ノ口に向かわれた聖人。

「仏の滅度の後、恐怖悪世の中において、われらまさに広く説くべし、もろもろの無智のひとの、悪口罵詈等し、および刀杖を加うるものあらん。われら皆まさに忍ぶべし」

法華経　勧持品

解説　日記に書かれた飛鳥田先生とは、当時衆議院議員だった飛鳥田一雄のことである。社会党最左派に所属し、軍事基地反対運動の先頭に立っていたため、西本あつしと接点ができたのである。平和行進から五年後、横浜市長となり、その後社会党委員長となった。

ゴールである東京が近づくにつれ、日記の文章は長文になっていった。あつしの所属する日本山妙法寺は日蓮宗系であり、当然法華経の知識も豊かである。鎌倉に来て、日蓮や藤井日達への思いを吐露したのかもしれない。

八月十日　横浜にて

鎌倉の海の平和祭に集った関東各地の働く人々に迎えられて出発。各地区の歓迎はいよいよ盛大になって来た。そろいのゆかたで冷いお茶を汲んで下さる一般労組の婦人の人々、町ぐるみで休憩場所を作り長い時間待っていた人々。待っていたらずい分長い間だったが、来たらもう出発ですか。出来るだけ一緒に歩かして下さいと言って、子供達と一緒に歩かれたお母さん達。

京浜工業地帯に近づくと共に、歓迎の中に、職場の組織と居住、地域の家族との結びつきが強く感じられた。

赤旗の問題も、今日まで度々問題となって来た。原水協の組織のある地域の方が組織のない地域のよりも度々出た。農村地域における勤労者協議会の、準備活動の中での役割を無視することはできない。

横浜の中心街の行進中に幾人かの人々からこんな質問をされた。「どうしてこんなにたくさんの人々が参加しますか、どうして一般の人々がこんなに歓迎をしますか。広島からずうっとこんな状態ですか」私はそれらの問に対して一言だけ答えた。「みんなの顔を見て下さい。迎えてくれる人々の顔を見て下さい」と。

横浜の駅前では、数人の娘さんたちが花を下さった。今日お友達の結婚式でした。このお花もそのお祝いの花です。と言って全員に一枝ずつを配った。

いよいよ明日は東京入り、全身身辺の整理と体の休息に注意をすること。東京日比谷までの距離は相当長いし、参加者も多くなったため、各自の行動に充分注意することなど話し合う。

解説 組織と運動のあり方をめぐって、西本あつしは何度となく自問している。組織された運動も必要だが、それだけでは国民運動とはならないとも言っている。これは今日的な問題提起でもあるだろう。行進は数千人規模となり、歓迎集会の規模も大きくなっていった。横前駅前で一人ひとりに渡された花が結婚式の花だったというエピソードには思わず顔が緩む。

八月十一日　東京にて

広島から東京までついに歩き続けることができた。一人の病人を出すこともなく、全員無事で東京入りできた。全員真黒に焼けて歯だけ白く光って見える。六郷橋から日比谷へ、大通りの両側を一寸のすきもなく歓迎して下さる、東京の人々。芝増上寺の広島、長崎の犠牲者法要。その規模の大きさに、ただただおどろく。

増本さん、竜さん御苦労様でした。真田さんは書記としての仕事、大変でした。ありがとうございます。中島さん、よく歩かれました。眼の不自由なお二人と、そしてたえず二人と共に歩かれた新村さん、お疲れさまでした。長崎の渡辺さん、行進に参加ありがとう。広島から東京へ、五十三日、百万人以上が参加されました。感謝いたします。

準備不足でみんなにいろいろ御迷惑をかけました。有難うございます。

泥にまみれた手をふって送って下さったお百姓さん、目に涙をいっぱいためてお茶を汲んで下さったお母さんたち、旗をちぎれるほどにふってくれた子供たち、道端で合掌して送ってくれたおじいさん、おばあさん。

みんなのじっと見つめる眼を、その眼の中に光るものを、わすれることはできません。

平和の行進は東京に到着しました。

しかし、到着点ではありません。平和への出発点であります。

合掌

解説　西本あつしが広島から一人で始めた約一千キロ、四三日間の平和行進は、東京に到着するときには一万人の大行進となっていた。のべ参加人数は百万人という。到着地は日比谷公園。この日の日記は、行進を終えたあつしの心情を吐露した、一編の詩のようにみえる。

平和行進到着の翌日、東京では第四回原水爆禁止世界大会が早稲田大学大隈講堂で開催された。壇上に立ったあつしは「広島で被爆した人たちの心を、この会場にお連れしました」とあいさつした。

「平和行進日記」二　与論島〜広島（行程のみ）

内灘、妙義、砂川などの米軍基地反対闘争の先頭に立ち、非暴力平和主義で闘ってきた西本あつしにとって、広島や長崎につながる核兵器廃絶への思いは強く、それが平和行進へとつながっていった。日本本土における米軍基地反対闘争は勝利したケースもあり、その村や町は爆音のない地域に戻った。しかし、本土の米軍基地機能は米軍に占領された沖縄に移転、沖縄は米軍基地の島になってしまった。沖縄の平和的返還（基地のない沖縄）は、多くの人たちの願いでもあった。

広島からの平和行進の翌年、原水爆禁止日本協議会は「与論島〜長崎〜広島」を結ぶ平和行進の団長として西本あつしを迎えた。あつしは本人が望むと望まないとにかかわらず、日本の平和運動の顔となっていた。多忙なあつしはよく酒を飲んだ。そのことが若く屈強なあつしの身体をしだいに蝕んでいく。

ここに紹介する「平和行進日記　二　与論島〜長崎〜広島」は、前年の広島からの行進に比べて、ほとんど知られていない。この日記を残した菊地定則は「編集者注」として、こう記している。

当時、沖縄は米軍占領下にあり、沖縄代表と沖縄島と与論島の海上で交流。そのまゝ沖縄代表がこの行進に参加した。波高い海上におけるその交流は、まさに劇的なものであった。

一九五九年六月一六日から八月四日までの日記の行程のみを転載しよう（本文省略）。前章の「平和行進日記　一」と同様、明らかな誤記は訂正したが、わからない点はそのまま記載し、（＊）印と解釈を書いておいた。

六月十六日　火曜日　晴

与論島、茶花港に午後二時上陸、船着場附近で同村々議森さんの協力を得て、集会を開く。第一声を放つ。

午後三時、与論島、沖縄の見える与論神社の丘を出発。約一里の行進。茶花港（＊与論島）から「あけぼの丸」に乗船。午後四時三十分出港。七時知名港（＊沖永良部島）着。

菊地定則の編集者注に「沖縄代表と沖縄島と与論島の海上で交流。そのまゝ沖縄代表がこの行進に参加した」とあるが、西本あつしの日記には何の記述もない。当時は不法行為にあたるということで、海上での交流や沖縄代表の本土への渡航については記載しなかったのかもしれない。

六月十七日　水曜日　くもり小雨

知名町（沖永良部島）、屋子母、住吉、田皆。

六月十八日　木曜日　くもり

田皆、新城、上城、下平川、知名。

六月十九日　金曜日　雨

知名町小米港出発、瀬戸内町（奄美大島）

六月二十日　土曜日　晴

瀬戸内町役場、各単産周り。

六月二十一日　日曜日　晴

古仁屋（奄美大島）小学校で映画と講演、夜は同小学校校庭で原水爆禁止瀬戸内大会。

六月二十二日　月曜日　雨

古仁屋、阿木名、新村、西仲間、貝里（泊）。

六月二十三日　火曜日　雨

住田村貝里、城（グスミ）、和瀬、朝戸、名瀬市（奄美大島）。この日の行動参加者は三千人。

六月二十四日　水曜日

各団体と昼食会

六月二十五日　木曜日

（＊不記載。奄美大島から出港し鹿児島市に上陸）。

六月二十六日　金曜日　晴

鹿児島市滞在、千三百人が行進。網の目行進が合流。

六月二十七日　土曜日　晴

鹿児島市、伊敷、河頭、小山田、中川、伊集院。網の目行進が合流。

六月二十八日　日曜日　晴

伊集院、苗代川、大星、串木野市。歓迎集会三千人。

六月二十九日　月曜日　晴

串木野、小番茶屋、隈之城町、河内町。網の目行進と合流。

六月三十日　火曜日　晴

川内町、麦の浦、高城村、湯の元。「沖縄を返せ」を歌った一団がいた。

七月一日　水曜日　くもり

高城村湯野の元、大川、牛ノ浜、阿久根市。「与論島から二百ＫＭ歩いたことになる」

七月二日　木曜日　くもり、小雨

阿久根市、折田、野田郷、高尾野、西出水、出水市。「出水市では米軍基地化に反対して闘った経験を持っている」

七月三日　金曜日　くもり
鹿児島県最後で、熊本県に入る。出水市、米ノ津、神ノ川橋（県境）、水俣市。
七月四日　土曜日　晴時々くもり
水俣市、小津奈木、津奈木、千代、豊岡、湯ノ浦。
七月五日　日曜日　晴
湯ノ浦、芦北町、佐敷峠、田ノ浦。
七月六日　月曜日　晴
田ノ浦、赤松峠、二見、日奈久。
七月七日　火曜日　雨、くもり
日奈久、薮川内、金剛、大福寺、八代市内。
七月八日　水曜日　風雨強く、くもり
八代駅、鏡町、小川町、松橋町、不知火町。
七月九日　木曜日　晴時々くもり
不知火町、宇土、川尻、熊本。行進一五〇〇人。
七月十日　金曜日　くもり
熊本市花畑公園、北部村、植木町。
七月十一日　土曜日　くもり時々小雨
植木町、玉東村、玉名市。

七月十二日　日曜日　晴

玉名市、下金山、野原、荒尾市、大牟田市（福岡県）。二〇〇〇人近い行進。

七月十三日　月曜日　くもり

大牟田、元村、渡瀬、瀬高、船小屋町。安保反対の小旗ノボリが多く目につく。

七月十四日　火曜日　強風雨

船小屋、八女市、筑後市、大木町、大川市。

七月十五日　水曜日　雨

大川市、城島町、大善寺町、久留米市。

七月十六日　木曜日　くもり

久留米、基里町、鳥栖町、筑紫野町、二日市。プラカードに「安保条約よ、原爆と共にアメリカに帰れ」

七月十七日　金曜日　晴

二日市、雑餉ノ隅、春日町、福岡市役所。福岡市歓迎集会に一〇〇〇〇名。沖縄県人会会長参加。

七月十八日　土曜日　雨

福岡市、箱崎、輪臼町、古賀町。

七月十九日　日曜日　晴

古賀駅、福間町、宗像町赤間駅前。

七月二十日　月曜日　晴

宗像町赤間駅前、岡垣村海老津、水巻町、八幡市折尾町、八幡市黒崎駅前。

七月二十一日　火曜日　晴一時夕立

黒崎駅、八幡市中央区市民広場、戸畑市役所、小倉市役所、日豊コースと合流。

七月二十二日　水曜日　晴

小倉市役所、門司—（連絡船）—下関。

七月二十三日　木曜日　晴

下関駅、長府町、小月町。行進参加約六〇〇名。一般の参加非常に少ない。組織の人々ばかりと思われる。

七月二十四日　金曜日　晴

小月駅、植生町、厚狭川川口、大津、山陽町、厚狭駅。病人が多い。

七月二十五日　土曜日　くもりのち晴

厚狭駅前、渡場、小野田市、宇部市役所。

七月二十六日　日曜日　晴

宇部市役所、阿知須町、嘉川、小郡町。

七月二十七日　月曜日　晴

小郡駅前、仁保津、湯田、山口県庁。劇団「はぐるま」の人々に会う。妙義で闘った人々である。

七月二十八日　火曜日　晴

山口県庁、大内町、防府市。

七月二十九日　水曜日　快晴

三田尻駅前、末田、富海、つばき峠、戸田、ふくがわ、南陽町、徳山市役所。

七月三十日　木曜日　晴

徳山市民館、徳山市櫛ヶ浜国鉄駅、下松市商工会議所、光市虹ケ浜海岸、光市役所。

七月三十一日　金曜日　晴

光市役所、田布施町、平生町、柳井町。岸総理の生家の前を通る。

八月一日　土曜日　晴

柳井市、大畠、由宇。行進団は「大島」（＊周防大島）を右に見て進む。

八月二日　日曜日　晴

由宇町、通津町、藤生駅前、灘小学校、南岩国駅、岩国基地撤去大会に二〇〇〇人。海外代表はルーマニア、西ドイツ、インド、アメリカ。

八月三日　月曜日　晴

岩国市、大竹市、大野町、廿日市。ボーリング博士（＊ノーベル化学賞受賞）夫妻が行進。

八月四日　火曜日　晴

廿日市、五日市、広島市内、平和広場。

一九五九年、西本あつしは世界平和運動一〇周年記念に際し、世界平和評議会より銀メダルと平和ディプロ（＊記念品のことか?）を授与された。

六章　病気療養から結婚生活へ

群馬へ

西本あつしは屈強の人だった。一九五〇年代に起こった日本各地での米軍基地反対闘争では、日本山妙法寺の僧侶として非暴力平和主義の立場から坐りこみを続け、時には警官隊の暴力を受け流血の事態になることもあった。一九五八年には広島から東京まで平和行進を続け、翌五九年には沖縄に近い与論島から広島までの平和行進を行なっている。

しかし、あつしは大酒のみでもあり、次第に身体が悲鳴を上げるようになった。身体の不調は「平和行進日記」のなかにも記載されている。妙義山米軍基地反対闘争でともに恩賀に入った医師の佐藤正二は、あつしの体調について「平和の戦士　西本あつし氏追悼録」（群馬平和委員会、一九六四年、以下「追悼録」）のなかでこう書いている。

一九五九年の晩秋。

ある夜、ひょうぜんと彼は私の家に姿をあらわした。

私たち夫婦は喜んで、歓迎しおフロに入ってもらい、ビールで歓待した。

話の途中で、彼から糖尿病という病気があるという話をきいて、おやおや大変だわいということになり、さっそく翌日入院となり、私の妻が主治医となった。

病気は、中等度に進んでおり、オキナワから広島への大行進の途中、熊本の保養院で、発見されたとのことであった。

それから約半年間の入院生活がつづいた。日本全国を歩いていた彼にとって、入院生活は、かなりツライものであったらしい。

西本あつしの「平和行進日記 二 与論島〜広島」にはこう書かれている。

七月十日　金曜日　くもり

熊本県花畑公園発、十三・一五、↓北部村↓植木町、植木小学校、十九・二十、着。午前中、熊本市保養院と民医連の御協力により全員の精密検査を受ける。小生は、トウニョウ病と診断される。行進参加者についての身体検査を参加前に厳重にすることについて注意をされる。

療養と入党

与論島から広島への平和行進後、西本あつしは高知県内で一〇日足らずの行程なのに倦怠感で歩けなくなったことなどが重なり、前橋の佐藤正二の元にやってきた。

西本あつしが入院したのは群馬県前橋の市協立病院であり、佐藤正二が院長をつとめていた。あつしの入院期間は一九五九年一一月から六〇年四月。一九五二年に開設された前橋市協立病院は医療生活協同組合であり、患者（組合員）の出資と参加により運営されていた。

群馬県高崎市の酒井長栄（日本山妙法寺信者）は、入院時代の西本あつしについて「追悼録」にこう記している（読みにくいため句読点などを入れた＝筆者）。

……糖尿病にかかり入院して身動きが出来ないせつなさを二回程見舞いに行った時話されたがそれとても自分の慾や希望のためではなく、ヂットシテオレンガナ。「タンソク」時の流れを知れば知る程心のあせりが出るせつなさである。西本上人の体質から来る最大の「いこい」の場は酒を飲んで短時間に充分休みを取る事だったと思う。

西本あつしが病気療養の地として群馬県を選んだのはなぜだったのかを考える

とき、佐藤正二医師の存在が大きかったと考えられる。佐藤は妙義闘争時代のあつしについて、「追悼録」でこう述べている。

西本君は、もちろんいつも無一文に近かったから、時おり山（*妙義山）の中から町におりてきてカンパを集めていった。カンパに私のところに寄られると、私も心よく僅かな寄金に応じ、彼は酒がすきだったので、ビールを出したりウイスキイを出したりした。こうしたことが後年、群馬に再来するゆかりとなった。

一九六〇年三月、退院を前にした西本あつしは、佐藤医師らのすすめもあり協立病院の病室で日本共産党に入党する。あつし自身も日本共産党機関紙『アカハタ』や月刊誌『前衛』の読者でもあり、共産党に親近感を抱いていた。群馬に住むことを決め、四月退院後は安保闘争の渦のなかに飛び込んでゆく。九月には群馬県平和委員会の事務局員となり、故郷の高知や活動拠点の東京ではなく、群馬に根を下ろすことになった。

恋人への手紙

一九六〇年秋、佐藤正二医師は新島基地反対闘争から帰って来た西本あつしを家に招き、佐波郡東村の保健婦の鈴木多美江を紹介した。多美江は村人からの信望厚い、この業界では著名な保健婦だった。一日中バイクで村を回り、「予防に勝る治療なし」の立場で頑張っていた。このお見合いで、あつしは多美江に一目ぼれしたと佐藤は述懐している。あつしが多美江に宛てた手紙（投函は一九六一年一月一六日）が残されている。見合いから数か月後の手紙である。改行などをそのままにして、全文を紹介しよう。文章からあつしの高揚感とロマンチストぶりが伝わってくる。

〈封書の表〉佐波郡東村　鈴木多美江様
〈封書の裏〉前橋市岩神町一一五七　宇居太郎方　西本敦

新しい年を迎えて。
乏しきをわかち。たらざるをおぎない。苦しみを恐れず。
希望を持って、二人の新しい生活を築くために
おめでとうございます。
昨年秋より夢のような日時でありました。
昨夜は大晦日のせいか、ずいぶん冷えたようです。
眠られぬままに、ラヂオの除夜の鐘を聞きました。

今朝は六時前に朝湯へ。朝湯から帰ってもまだ外は暗い。
冷たい部屋で湯を沸す。具合の悪いコンロで、底冷えは
強い。だんだんと明るくなってくる頃
坂の上から自転車のブレーキの音が聞こえてくる。牛乳屋の
車らしくビンの音がする。しばらくは静かで冷える。
再び坂の上から自転車のブレーキの音。今度は玄関に
新聞の落ちる音がする。新聞を持ってそのまま床のなかへ。
冷たいフトン、新聞を読みながら眠る。
九時頃、宿の老人より「お茶をどうぞ」と声あり。
フトンの中より軽く返事をしウトウトと眠り続ける。
老人より二度目の声。冷えるのです。起きる。
ズボンをはく。白いワイシャツ（ありがとう）。茶のネクタイ。
老人の部屋に行き、新年のあいさつ。
今、十一時頃と思います。
じいーっと座って、汚れたガラスの外を眺めて
います。そして、
東村の恋人に手紙を書くことにしたのです。
おめでとうございます。

私の東村の恋人は全く善人すぎるようです。
私はその恋人に少し甘えているようです。
一つ年をとったので、今年はもっと大人になりたいと思います。
天日のウィスキーの残りがあります。
肴がないので罐詰を切ることにします。鯨の罐詰です。
中味はレッテルと同じく鯨です。
中味はいつも場合でもレッテル通りの方がよいのかも知れません。
五日の日を楽しみにまって居ます。
東村の善き人々によろしく。

一月一日　　　敦

多美江様

鈴木多美江は西本あつしと同年、一九二五年の生まれである。あつしは一月、多美江は九月だった。両親を早くに亡くし、祖母に育てられた。高等小学校卒業後看護婦養成所に入り、看護婦となった。看護婦はあくまでも医者の下で働くという位置づけだが、保健婦なら医者と対等にものを言えることを知り、保健婦養成所に入り、群馬県佐波郡東村という小さな村の保健婦になった。東村は国定忠治の出身地である。あつしに会ったときには、一七、八年が経ち、多美江は地元にしっかり根を下ろす保健婦となっていた。

佐藤夫妻のはからいで出会った西本あつしと鈴木多美江は、多美江の下宿の女主人・細野たか乃（細野のおばあちゃん）の勧めもあり交際をはじめた。あつしは時々多美江の東村の下宿を訪ねた。たか乃はあつしの人柄にほれ込み、結婚の世話をしてもいいと言ってくれた。

年が明け、二人は結婚を決意する。その時のことを西本あつしは鈴木多美江宛の手紙にこう書いた。心打たれる手紙である。


昨夜は遅くまで御苦労様でした。

今朝まで熱にうかされながら色々の事を夢のように考えていました。（毛布はとても気持がよいのです。）

私は長い間、母親にも、親戚にも、全く自分勝手に過ごしてきました。（運動のことだけを考えて）

結婚後の二人のことも考えて、二人で高知に帰る前に一度私が一人で帰り、すべて今日までの私の行動について深くお詫をしなくてはならないと思います。

今の私の体の状態では少し苦しいと考えますが、

今後の二人の生活をよりよく楽しく築くためには
大切なことだと思い、初めの予定通り、
十九日には前橋をたって、高知に帰り、二十五・六日には
前橋に帰ることにしたいと思います。
貴女の考えを今一度知らして下さい。
昼は事務所、（四六〇六）夜は自宅、におります。
行先不明の時はサトオ先生宅に電話して下さい。

十六日早朝　床の中にて

あつし

たみ江様

結　婚

手紙を書いた一か月後の一九六一年二月一三日月曜日午後二時、群馬貿易会館二階ホールにおいて西本あつしと鈴木多美江の結婚式が執り行われた。一九五一年に完成した群馬貿易会館は、商工会議所が併設されており、貿易品陳列室や観光案内事務所も設置されていた。一九五九年には屋上に「愛の鐘」が置かれるようになり、鐘にはネオンがともされ、前橋市のランドマークとなっていた。二人はここで文字通りの「愛の鐘」を鳴らしたのである。

親族は西本あつしの母親一人だった。多美江に親はいない。しかし、細野のおばあちゃんなど多美江の関係者や群馬県内の平和運動家たちが大勢参集した。社会党や共産党などの関係者も多かった。仲人は角田儀平治夫妻。角田は戦前からの人権派弁護士で治安維持法違反で検挙されたこともある。戦後は群馬弁護士会会長をつとめた。息子の角田義一も弁護士で後に参議院議員（民主党）となり、副議長に就任した。さながら妙義山米軍基地反対闘争をたたかった人たちが一堂に会した感があった。

新婚旅行は伊香保温泉に行った。結婚後、西本あつしは多美江の保健婦の仕事場のある佐波郡東村に転居する。二人が新婚生活を営む家は細野のおばあちゃんの広い敷地のなかにある離れとした（写真18）。多美江は保健婦であったため、あつしの糖尿病の治療には心を尽くし、とくに食事には気をつけたという。

「平和行進日記」には随所に平和運動のなかの分裂に心を痛める西本あつしの言葉が綴られていることについては前述した。ビキニ環礁でのアメリカによる水爆実験を受け、核兵器廃絶をかかげ一九五五年に原水爆禁止日本協議会が結成される。一九五八年にあつしが平和行進を始めたときには保守革新を問わずさまざまな個人、団体が参加する組織だったが、一九六〇年の安保闘争のなかで保守派が離脱、六〇年代半ばには革新系のなかで分裂が起こった。あつしは群馬平和委員会の事務局の仕事をしていたが、一九六一年、平和委員会の仕事から離れるこ

写真18

とにした。その後、日本ベトナム友好協会やアジア・アフリカ連帯委員会、日ソ協会伊勢崎支部などの活動を行なっていた。

西本あつしの結婚生活は病気との闘いでもあったが、さまざまな闘争のオルグをしながら、妻との日常を楽しむようになった。庭でシェパードとたわむれるあつしと多美江の写真が残されている（**写真19**）。

鈴木多美江については、中沢正夫の前掲書『からっ風村の健康戦争　保健婦西本多美江の体当たり半世紀』に詳しい。中沢は西本あつしの印象について、「昭和三六年二月、西本は元日本山妙法寺の僧と結婚している。西本多美江の誕生である。それ以前は鈴木多美江であった。西本敦は、恰幅のよい体にイガ栗頭がのり、笑顔が素晴らしい男だった」と書いている。また中沢は多美江について「〝西本（＊鈴木）さん、結婚！〟のニュースは、あっという間に仲間うちに伝わった。結婚とか、恋愛とかいうことと、〝西本（＊鈴木）〟さんは、よほど考えづらい組み合わせであったのであろう。仲間はみな、わがことのように喜び、わがことのようにおせっかいになった。結婚式のとき、彼女にスカートをはかせるのにはどうしたらよいか、何人もの仲間が集まっては幾晩も相談したという」と記している。同書の中から多美江の語る西本あつしのエピソードをいくつか抜き出してみよう。

写真19　離れでくつろぐあつしと多美江。シェパードは細野のおばあちゃんの家の愛犬（親族所蔵）

（＊あつしは）花と小鳥が大好きでネ、よく散歩していましたよ。ワシ（＊多美江）が疲れている様子を見てとると、そつと床を抜け出して、気の利いた朝飯を用意してくれました。夜、訪問で遅くなったときも、ご飯を上手に炊いて待っていてくれる人でしたネ。洗濯も水汲みも手伝うなかなかの亭主で、おたかさん（＊細野のおばあちゃん）にそれを見られると、いつも赤くなっていたっけ。

ある夕暮れごめ、敦がベレー帽の額に大粒の汗浮かべて、自転車で帰ってきましてネ。あまりのあわただしさに「どうしたの」と聞くと、「昼間、才子ちゃん（おたかさんの孫娘・五歳）って、泣きやませたんだ。それをうっかり忘れてネ。途中まできて思い出して、また伊勢崎まで引き返して、赤い茶碗買ってきた。才子ちゃんとの約束だからねえ。夕食にまだ、まにあうかねえ」と庭を駆けて大家さんの玄関へ飛び込んでいったんです。

いつも大仏様のような大きな膝にチョコンと才子ちゃんを抱いては、「オジさん大好き」と鼻や耳を引っぱられては悦に入っていましたよ。

結婚から一年二か月後、西本あつしに突然の死が訪れる。

西本あつし逝く

一九六二年四月二八日、伊勢崎市貿易会館で開かれた日本民主青年同盟伊勢崎地区委員会主催の「四・二八屈辱記念日、沖縄奪還青年集会」で西本あつしは講演した。この日は全国で沖縄返還の取り組みが行なわれていた。伊勢崎の集会もその一環だった。あつしの演説は朴訥だったがじっくりと聞かせるもので、「西本節」と言われていた。

伊勢崎での講演後、西本あつしは自転車での帰宅途中、同夜午後一一時頃、伊勢崎市豊城町地内道路上において泥酔者の乗用車に追突され、翌二九日午前三時四三分、市内の福島病院にて亡くなった。三六歳だった。こうして新婚生活は幕を閉じた。看護協会保健婦部会群馬支部長という要職にあった多美江は、東京で開催された保健婦全国総会に参加するため上京しており、家には不在だった。急を聞いてかけつけた佐藤正一医師ら仲間たち十人ばかりに見守られ、あつしは逝った。

多美江は夫・西本あつしの死について「早死にすることを虫の知らせでわかっていたんでしょうかねえ。よく、『人間は何歳まで生きればいいというものではないんだよ。生きているうちに何をやったのかだ。死ぬときそれが満足できれば、それでよしなの』とも言っていましたねえ」と語っている（中沢正夫『からっ風村の健康戦争　保健婦西本多美江の体当たり半世紀』）。

西本夫妻の仲人でもあった角田儀平治弁護士は、裁判記録に基づき、事故のいきさつを詳細に残している。

西本君が所謂交通事故で不幸な最期をとげて既に二年が経つ。その事故が、清水某という昭和七年生まれのひき逃げ犯人の仕業であることは間もなく判明した。その犯人は業務上過失致死等の罪名で起訴され、昭和三七年四月十二日前橋地方裁判所で藤本孝夫裁判官から禁固一年六ケ月に処せられ、直ちに服罪した。当時の裁判記録による概略は以下の通りである。

昭和三七年四月二八日午後十一時二十分頃伊勢崎市諏訪町一、五二五番地の木村億己君は家の外の通称桐生県道で「ドスン」という音がするのを聞いた。通行中の根岸成治君が、桐生県道上に倒れている人と、ガラスの破片と自転車を発見したので直ちに救急車を呼んだ。その人は、道路北側に頭を南、足を北にして倒れ、頭部から血液が流出し、呼吸はあったが人事不省で直ちに伊勢崎市福島病院に収容された。

事故現場は、県道桐生伊勢崎線で、桐生に向かい左側の道路上には、ベレー帽、サンダル、腕時計、自転車等およびガラス破片が散乱し、道路端には加害車両のものと思われるバックミラー等が発見された。自転車は後部から追突された跡が明らかである。

被害者は二九日午前三時四三分、大脳、小脳蜘蛛膜下出血、及び脳膜下出血による脳圧迫のため死亡した。この人こそ惜しんでもあまりある西本敦君その人であったのである。

犯人清水某とはどんな男か。彼は本籍は前橋市で、当時伊勢崎に住んでいた自動車修理工である。四月二八日夜、友人村田某を乗せ桜井某所有の五七年型トヨペットコロナを運転して街へ出て、たまたま西本君が立ち寄ったと同じ民衆酒場（田中義平君方）で清酒三合をのみ、帰宅するため、村田を後部座席に乗せ、時速六十キロで一杯機嫌で前記桐生県道を運転していた。西本君の後から追突し、そのため運転台のガラスは粉々になったが逃げる気になり、伊勢崎市に戻り、前橋へ来て紅雲町の車の所有者桜井某方の仕事場へ車をおさめた。逃走距離は二四、九キロメートル。

彼は翌朝その車を点検し、前照灯附近に頭毛二、三十本が付着し、窓ガラスに血痕が付着しているのに気づき、証拠をかくすため、毛を捨て、血を拭き取り、そのあと破損個所を修理し、又修理したところを塗装した。それでも彼は安心せず、自動車を解体してしまえば発覚しないと考え、五月八日友人の解体屋古物商の下妻某にこの車を売り渡し、右下妻は五月十一日この車を解体してしまった。

（「追悼録」）

逃れたと思われた犯人だったが、近隣県の警察も動員したのべ九百人以上を投入した捜査により、車に同乗していた村田某、車の所有者桜井某が取り調べを受け、容疑者として清水某が逮捕された。清水は犯行を認め自供した。事故から二週間後の五月十日のことだった。

空吹く風は……

葬儀の記録は手元にないが、『からっ風村の健康戦争』にはこう書かれている。

葬式には、共産党とか平和委員会とか原水協の花輪がズラリと並び、「えー！」という有名人から弔電が寄せられて、西本（＊多美江）をびっくりさせた。「オレは鱈の煮たのと共産党は大きれいだ！」とが西本（＊多美江）の口ぐせだった。大勢の会葬者の中に、夫の死を自分以上に悲しみ、泣く年配の女性たちがいた。母親大会の中心になっていた人たちであった。あまりよく知らぬ大勢の人が、自分以上に夫の死を悲しんでいる。慕われる人柄はよくわかるが、いったい夫はどんな隠された半面をもっていたのであろうと西本（＊多美江）は思った。西本（＊多美江）は、夫が使っていた日本山のうちわ太鼓と黄色い衣をそっと棺の中に入れた。「坊主なんだから、自分でお経をあげて成仏するように……」と思ったという。

多美江が西本あつしの「反戦・平和の闘士」という顔を知るのは彼が亡くなってからだった。六〇年安保闘争時、十数万人の人々が安保反対のデモをしているときですら、保健婦・鈴木多美江は、世の中は暇な人がたくさんいる、私はこんなに忙しいのに東京では何を騒いでいるのやら、と思っていたという。

西本あつしの追悼会は容疑者逮捕の前日の五月九日に挙行された。あつしの事故死から一〇日余りが経っていた。追悼式の式次第が残されている。掲載されている人たちの多くは故人となられたが、その多彩さには驚かされる。実行委員長の茜ヶ久保重光（国会議員）は社会党左派の闘士であつしとともに妙義闘争を闘った仲間だった。「わかれの歌」を朗読したのは宮沢忠夫である。私の父の名前もある。

追悼会式次第　一九六二年五月九日（前橋・水道会館）

平和の戦士故西本あつし君追悼会実行委員会

葬送行進曲　開会のことば　黙祷　実行委員会代表あいさつ〜茜ヶ久保重光
追悼のことば〜日本原水協代表・堀真琴　日本平和委員会代表・石上《ママ》日本山妙

法寺代表・大木行治　国民救援会代表・難波英夫　日ソ協会県連代表・田とく　群馬地評代表・大手利夫　前橋市長・石井繁丸　群馬原水協代表・石黒寅毅　日本社会党県連代表・大和与一　日本共産党県委代表・本庄晶　弔電・弔詞　ありし日の面影――映画「広島の声」より　略年譜・活動歴紹介追悼歌「同志は倒れぬ」～群馬合唱団　平和の戦士に捧げる（追悼詩朗読）～わかれの歌・宮沢忠夫　空吹く風は冷く地上に咲く花は明るい五月・島田誠三　遺徳をしのぶ（思い出・話しあい）　遺族あいさつ　全員合唱「平和を守れ」　閉会遺族～西本多美江（妻）群馬県佐波郡東村国定、西本竹寿（母）高知県高知市種崎六区

西本あつしの母・竹寿は高知から息子の葬儀に参列した。住所は高知市の中心部ではなく、郊外の種崎に変わっていた。追悼式で島田誠三が朗読した「追悼詩・空吹く風は冷く地上に咲く花は明るい四月」を紹介しよう。心洗われる詩である。竹寿は詩の朗読を聞きながら、涙を流したに違いない。島田誠三の弟・島田利夫（一九二九～五七年）は夭逝した詩人で、『島田利夫詩集』（コールサック社、二〇一五年）がある。

追悼詩・空吹く風は冷く地上に咲く花は明るい四月

島田誠三

空吹く風は冷く
地上に咲く花は明るい四月
心は鉛のように悲しみに重く
季節はおのうく私を包む

何度ともなく聞きなれた歌を
また思い出して口ずさむように
とびとびに頁をさぐって
古いノートを読みかえすときのように
あなたを、あなたの数奇な生涯を
心の中でくりかえす

心の中でくりかえす
それはあなたではなく私を
四月にしては明るすぎる空と
一瞬色あせた地上に咲くすべての花に
私はもう堪えられなくて

そのとき口をついて出るのは悲しみの歌
私が歌いたいのは悲しみの歌
そうして歌はねばならないのは
苦しみの歌斗いの歌

それは
やがて約束された春を待って
地中で無意味な月日に堪える
その草木にそゝいだ
いつしか雨のように
路傍の名もない一本の草にも
朽ち枯れた立木さえも
いつかの雨のように
あなたの愛は
すべてのひとにそゝがれたのに

それは
暗い祖国の歴史

霧ふかい北陸の内灘よりも濃く
みぞれをさそった妙義の風よりも冷し
雲一つない広島の太陽よりもきびしく
いつもあなたを苦しめたのは
支配された祖国
そして
自由を奪われた人々のこと

それは
ずだ袋一つの放ろうの旅です
孤独さのための悲しみでなく
仲間と信じた友の裏切りによる悩みでもなく
いつもあなたを悲しませたのは
失われた祖国と
祖国を失った人への
深い深い悲しみであったのだ

空吹く風は冷く

地上に咲く花は明るい四月
その花をうるおしたいつかの雨のように
あなたの愛は地上に消えても
今は花咲くふるさとの初夏
あなたの胸につきることなかった
貧しい人傷ついた人への涙も
いつかは花咲くだろう
祖国は必ずよみがえる
平和と喜びの中に

空吹く風は冷く
地上に咲く花は明るい四月
四月に死んだあなたのために
地上に咲く名もない花
純白の花をあなたに捧げよう
いつかよみがえる祖国と
平和の喜びに充ちた
あなたの愛した人びとのために

ロシアのウクライナ侵略戦争をはじめとする今日の国際紛争のなかで、西本あつしが提唱し展開した「非暴力平和主義」はどのような意味をもつだろうか。

保坂正康氏は『京都新聞』（二〇二三年三月一四日付）において次のような論旨を展開している。私の見解も補足して述べてみよう。

ウクライナ戦争で人類史は新しい段階に入ったのではないか。二〇世紀の帝国主義型の戦争では、プロイセンの軍事学者カール・フォン・クラウゼビッツ『戦争論』（一八三二年）がいうように「戦争とは他の主題をもってする政治の継続である」「相手にこちら側の政治的意志を押し付ける暴力行為」だった。しかし、プーチンロシア大統領が政治目的（ウクライナ領土の併合）は達成することはできず、失敗しつつある。一方、「核兵器の使用も辞さない」という、恫喝にも似たプーチン大統領の発言は、抑止力の平和論が空虚なものであることを示した。「政治の延長で戦争を選択した段階で、それは敗者を意味する」という戦争論が必要になってくるのではないか。日本は江戸時代の約二七〇年間は対外戦争を行なっていないが、明治維新以降の近代史では一〇年おきに戦争を選択している。アジア太平洋戦争の敗戦で日本は平和憲法をもつようになり、対外戦争をしない国になった。こうした日本だからこそ「軍事を選択することがすでに敗者」という思想を確立する責任と義務がある。戦後日本は「専守防衛」の国だった。しかし岸田政権は敵基地攻撃能力や防衛費（軍事費）の大幅増額など古い時代の戦争論にしがみついたままである。

「憲法九条は理想であり、現実は厳しい国際情勢がある」という見解が示されることがある。西本あつしが鏡川学園に勤め「平和新聞」を発行したり、米軍基地反対闘争や平和行進を行なったりした時代は、敗戦から一〇年前後であり、戦争の惨禍を目の当たりにした人びとが多数を占めていた時代である。あつしや当時の人びとが感じていた「現実」とは、敗戦後の焦土のなか「戦争孤児」たちが懸命に生きざるを得ない「現実」であった。

では、現在のウクライナ戦争の時代はどんな時代なのだろうか。戦争を商売とする民間軍事会社「ワグネル」がロシア軍の主力となり、残虐な行為を繰り返している。一方、欧米の軍需産業はハイテク兵器をウクライナに供給し、巨万の利益を得ている。こうした二一世紀型の戦争では軍事会社や軍需産業に富をもたらすだけで、人びとの命は軽んじられ無視され見捨てられている。軍事会社や軍需産業の富の一部は政権幹部の私腹を肥やすために使われている。こうした「現実」は戦争を選択することの無意味さを、西本あつしが生きた時代と同じように私たちの眼前に提示しているはずである。

「軍事を選択することがすでに敗者」だとしたら、軍事や軍事同盟に頼らない外交の力や教育・福祉の力によって戦争を起こさない知恵と力を私たちがつけなければならない。それは西本あつしが全人生をかけて訴えたことであり、非暴力平和主義の二一世紀的な展開につながってくる。軍事同盟に入らず、非核と非軍事による平和活動は、憲法九条をもつ日本だからこそ主張し行動できるにちがいない。

補章　一九五〇年代と「五〇年問題」

「五〇年問題」真っ只中に入党した西本

西本あつしが入党したころ、外国からの干渉に端を発した党分裂を経験した日本共産党は、一九五五年の第六回全国協議会（六全協）を経て足かけ五年間の綱領論争（一九五七〜六一年）の最中にあった。六全協とは、党の統一と団結を回復し、極左冒険主義放棄の道を歩んでいく契機となった会議である。一九六一年の第八回党大会で、日本共産党は民主主義革命を当面の任務とし、社会主義的変革にすすむという現在の党方針につながる綱領を確定した。それは外国からの干渉を排し自主独立の立場と、選挙を通じての平和的な多数者革命路線の表明でもあった。一九五〇年代に起こったこうした困難な時期の問題を「五〇年問題」と呼んでいる。

西本あつしも参加した妙義山米軍基地反対闘争（一九五四年）は、日本共産党が党分裂中の出来事だった。佐藤正二は、「西本あつし追悼録」のなかで、五〇年問題についてこう触れている。

私たち群馬の民主医療機関連合会は力が弱く、妙義斗争の前半に私たちの病院（当時、診療所）を中心に、妙義の山中に、しばしば出かけてゆき、横川に看護婦を常駐させ、よくたたかったけれど、その思想的な弱さと力量不足のため、指導的な私が批判され、妙義から引揚げねばならなかった。（昭和二九年民医連総会）

「五〇年問題」の深い傷跡

父・本庄晶も『前衛』（一九七三年四月号）に次のように記した。

一九四九年一月の総選挙で日本共産党は四議席からいっきょに三十五議席に躍進した。群馬でも議席はしめることはできなかったが得票は大きく躍進した。しかし、アメリカ占領軍と独占資本の反動攻勢、そのなかでの一九五〇年の不幸な党分裂という困難な条件のもとで、群馬県党組織の政治的、組織的影響力も大きく後退していった。

本庄晶は徳田球一・野坂参三らの「国際派」に所属し、群馬県党も晶の一定の影響力のもとにあった。党組織の責任者の一人であった晶は、五〇年問題の責任をとって役職を辞任し、自己批判した。この時期に「医学部に行き、医者になろうか」と言っていたと母から聞いたことがある。佐藤正二医師のアドバイスでもあったのだろうか。佐藤は東京帝大法学部の卒業だが、医師を志していた女性に恋をして、新潟大学医学部に学んだという逸話があった。だが第八回党大会で再び党役員となり、晶は医者にはならなかった。

五〇年問題を機に党を離れた人や、党を除名された人の苦悩の言葉は本庄晶を打ちのめした。だからこそ一社会運動家としてこの地に骨を埋める覚悟をしたのだと思う。笠原九（故人・元群馬県党副委員長）によれば、晶の苦悩とは自分に従って革命運動について来た人たちに申し訳ないという気持ちであり、その人たちが再び自分をリーダーとして組織を再建しようとしたとき、自分だけが辞めることはできないという思いだった。群馬県の党組織は、金子満広を日本共産党書記局長として中央に送り出すとともに、吉村金之助を日本民主青年同盟委員長として東京に赴かせたが、県党の委員長である晶を現職のまま二八年間据え置いたのである。それはまた晶の意思でもあった。

レッド・パージで失職した本庄晶にとって、駄菓子屋を営んでいた彼を支えた妻・芳子の存在は大きかった。私は六歳になっていた。逓信省官僚の家に生まれ、諫早郵便局長の長女として何不自由ない少女時代を送り、東京帝国大学出の朝鮮銀行官僚（本庄晶）と結婚した芳子にとって、駄菓子屋を営む日常はさぞかし苦しかったと思われるが、私にとっては太陽のように明るい母の姿しか思い浮かばない。「本当のお嬢さんは貧乏すらものめずらしく楽しんでしまう」と知人に言われたことがあるが、母はそういう人だったのかもしれない。

母から聞いた話がある。本庄晶の言葉を再現してみよう。

「一〇年前にパージされたとき、すぐにでも革命は起こると信じていた。それで芳子に毎日の生活費を稼ぐために駄菓子屋になることをすすめた。わしは支持者からのカンパで暮らした。今まで無給だったが、第八回党大会後はわずかばかりだが、専従者にも給与が出ることになった。わしは党県委員会のある前橋に引っ越そうと思っておる。店を畳んでもいい。前橋には妙義闘争をたたかった島田信子さんが刺繍店をやっている。そこに芳子の作ったバッグなどを卸せば収入になるがどうだい？」

母は二つ返事で頷いたのだろう。第八回党大会は一九六一年七月二五日から三一日、東京都世田谷区民会館で開催され、翌月から父に賃金が支給されるようになった。私は同年九月から前橋市立岩神小学校に、翌年一月から同桃井小学校に転校した。一時岩神地域に住んだのは引っ越し先が見つからず、仮の住宅に移ったからである。前橋市立第三中学校に転校した姉は、高校受験を控えた身でもありそのまま三中に在籍することになった。前橋でも相変わらず貧しい生活は続いたが、同じように貧しい人たちがたくさん暮らす曲輪町は私の少年期の思い出に充ちた町となった。

話を戻そう。志位和夫氏（日本共産党幹部会委員長）は五〇年問題について、講演「日本共産党一〇〇年の歴史と綱領を語る」（二〇二二年九月一七日）で次のように語っている。

一〇〇年の歴史を通じて、わが党の最大の危機は、戦後、一九五〇年に、旧ソ連のスターリンと中国によって武装闘争をおしつける乱暴な干渉が行われ、党が分裂に陥るという事態が起こったことにありました。私たちはこれを「五〇年問題」と呼んでいますが、この時、無法な干渉に反対し、党の分裂を克服して統一を実現するたたかいの先頭にたった宮本顕治さんは、後年、一九八八年に、次のようにのべています。

「五〇年問題は、日本共産党史上、最大の悲劇的な大事件だった。かつて、これほどの大きな誤りはなかったし、これからもないだろう。絶対にないことを願わずにはおれない」

私は、この一文を読んだ時に、絶対主義的天皇制による苛烈な弾圧を体験した宮本さんが、それを上回る「最大の悲劇的な大事件」とのべたことに、あらためてこの問題がいかに深刻だったかを痛感したことが深く記憶に残っています。

谷口善太郎と大山郁夫

治安維持法犠牲者国家賠償要求同盟京都府本部の佐藤和夫副会長から資料を添えて教えていただいたのだが、外国からの干渉という点では戦前にもきわめて深刻な問題があった。それは共産党ではなく労農党の問題として表面化した。山本宣治らを当選させた労農党は、国家権力により解散させられていたが、河上肇らは合法政党としての新労農党を一九二八年一二月に結成し、大きく盛り上がっていた労働争議、小作争議を指導しようとした。「京都府党一〇〇年のあゆみ」（日本共産党京都府委員会、二〇二二年）にはこう書かれている。

党が、新労農党の結成は前衛党を否定する解党主義、合法主義として批判したため、河上は新党を解消しました。京都の労農各団体は、解消派、再建派に分裂し、いっそうの困難が生まれました。党のこの批判は、進歩的な民主勢力の結集をさまたげるセクト主義的なコミンテルンの誤った決定によるものでした。

山本宣治と日本共産党との連絡係だった谷口善太郎（戦後日本共産党衆議院議員）は、五〇年問題の最中に戦前の治安維持法による弾圧を振り返り、新労農党運動を引き継いだ大山郁夫について、次のように述べている（谷口善太郎「大山先生と新労農党」『大山郁夫伝』付録「大山先生の思い出」一九五六年）。少し長くなるが、重要な点だと思われるので引用したい。

……実は私、まことに恥ずかしい話ですが自分の思想的未熟さをバクロすることで赤面ですが――最近党は第六回全国協議会を開きまして、党の今日までの活動を分析しそこに少なからぬ極左的な戦術と、党内のセクト主義、あるいは、家父長的な個人中心的指導があったことを指摘し、それを、徹底的批判、自己批判いたしまして、一つの決議をおこない、現在その自己批判にもとづいて党内整備を全党的にやりつつあるのでありますが、この六全協の決議が出るまで、私は実に三十三年間も戦争前に日本の共産党が、全く壊滅するような状態になるにいたった、その原因について、間違った考えをもっていた。それは、戦争前に、共産党が壊滅状態になったのは、ひとえに敵から弾圧されたからだ、そう考えていたのであります。すなわち党の組織のなくなったその根本の原因は、日本の天皇制という世界に比類のない弾圧機関のためだ、その弾圧の結果、党が、壊滅したんだと、私自身そう考えておった。六全協が出るまでそう考えておった。

こう考えて参りますと、大山先生の新労農党運動も、今日もっと深く分析して考え直して見る必要がある。つまり私どもが正しい意味でのプロレタリア党を建設しておったならば、昭和五、六年の運動のあの苦しい時期に、仲間から裏切りもののようにいわれ、敵からは、全く弾圧の中心目標にされるような、あの苦しい立場に大山先生などを追いこむこともなかったのではないか。

大山郁夫（一八八〇〜一九五五）について簡単に経歴を書いておこう。大山は早稲田大学教授（政治学）として進歩的評論を行ない、一九二七年に労農党委員長となり山宣らとともに活動した。山宣暗殺後は合法的新党結成に動き、左派から「大山師」などと誹謗された。一九三〇年、東京五区から衆議院選挙に出馬、当選する。三二年に渡米、亡命生活を送る。戦後帰国し、早稲田大学に復職するとともに、一九五〇年、京都選挙区より立候補し参議院議員となるも、任期途中の一九五五年一一月に病死した。

谷口善太郎は山宣暗殺についてもつっこんだことを書いている。内容をまとめるとこんなふうになる。山宣の治安維持法反対の国会演説原稿は当時の日本共産党が書いて渡したものである。こんな無理な演説を山宣にせよと言ったのである。山宣は谷善にしみじみと「党は私に無理をいっている。敵の中に公然と身をさらしている自分に非合法でやってさえ困難なような行動をとらせようとする、困った」と言ったという。しかし、それに続いて山宣は「党の命令はプロレタリアの命令だ、自分はやりますよ」と決然と話した。谷善は当時の日本共産党について「極左的な引き廻し主義」という言葉で批判している。

……なぜこんな無茶（山宣に暗殺覚悟の国会演説を求めたこと）をやったか。もしも党が、国民の中に党を作り、それ自身の力に確信をもっていたならば、合法舞台で活動する人には、合法舞台で活動するという限界をもっての任務をお願いしたと思います。それをやらなかった。これはすべて党だけで革命をやろうとする小ブルジョワ的な間違った考えに党がとらえられていたからであります。

谷口善太郎のこれらの文章は、一九五五年一二月一八日の同志社大学における大山郁夫追悼懇談会での挨拶の速記である。「六全協の決議は、ただちに最近数年間のことのみではなく、こうして党の歴史三〇年におよぶすべてに反省するきっかけを私たちに与えたのであります」という言葉から、五〇年問題と戦前の活動がつながっていることがわかる。

余　波

西本あつしは非暴力平和主義を貫いた平和運動家であり、あつしの入党は極左冒険主義を克服するという点で日本共産党にとって象徴的な力となるはずだった。五〇年問題は日本共産党の党内問題にとどまらず、さまざまな組織や文化運動にも影を落とした。次の一文は私が雑誌にコラムとして書いたものである。

大学の欧州経済史のゼミの卒論「一九世紀末ロシアの工業化」に悪戦苦闘していたとき、大学図書館でふと手にしたのが『石間をわるしぶき』（地歴社、一九七三年）だった。どうやらこの本は二〇年ほど前にこの大学で卒論として書かれたものがベースとしてあり、それをもとにして出版されたらしい。著者の加藤文三さんが中学校の現職教員というのにも驚いた。のちに学校現場で生徒と格闘しながら歴史研究を進める加藤さんは、私の目標となる。

公立中学校に赴任してから本多公栄『ぼくたちの太平洋戦争』（大月書店、一九七二年）と安井俊夫『子どもが動く社会科』（地歴社、一九八二年）などから学び、歴教協（歴史教育者協議会）に本格的に参加するようになるが、この二冊の授業実践書の横に必ず『石間をわるしぶき』を置いた。それは日常の授業研究に追われていても、加藤さんのように歴史研究に取り組むのだという私の青臭い思いだったのかもしれない。本多さんや安井さんとは直接話す機会を得たが、加藤さんとは対面する機会を逸した。加藤さんがうつ病にかかり、五三歳で中学校を辞めたからである。それでも著作や『歴史地理教育』での連載を通して、加藤さんの存在を、私は身近に感じていた。

加藤さんは『石間をわるしぶき』の「まえがき」に次のように書いている。

この本は、私が一九五〇年代にかいた論文をまとめたものである。学生時代から、中学校の教師になって数年間のものをふくんでいる。

五〇年代の初めに、歴史の勉強をはじめた私は、当時提唱されていた国民的歴史学運動【注i】の渦の中にとびこんだ。……（中略）……国民的歴史学の運動は、そののち、五五年ごろから清算主義的に否定されてしまった。その運動のなかには、誤りや、あせりや、弱さがあったことは、たしかだが、……。

国民的歴史学運動に大きな影響を与えたのが、中世史研究者石母田正が書いた『歴史と民族の発見』（東大出版会、一九五二年）である。

一九五〇年代前半は、レッドパージ（一九四九～五〇年）を契機にして始まる「逆コース」の時代ではあったが、内灘砲弾試射場反対闘争、妙義山米軍基地闘争などが各地で展開され、デモや集会には労働者にまじって多くの大学生たちの姿があった。加藤さんたち歴史科の学生たちは、こうした時代状況のなか秩父の奥深い石間に入っていったのである。加藤さんの大学卒業は一九五三年三月、四月から新設間もない東京都江東区立第二砂町中学校の社会科教師となり、『江東

【注i】国民的歴史学運動とは、マルクス歴史学者の石母田正ら提唱。民衆の手で「村の歴史」「工場の歴史」を書くことの大切さを説いた。政治的な問題もはらんでいたが、歴史学の方向を示した運動となった。

風土記』『江東の歴史』『学校歳時記』などを執筆した。「母の歴史」や「地域の歴史」を教材として使ったのもこのころである。当時を思い出し、加藤さんはこう述べている。

石母田先生の言う「民衆のいるところ、どこにでも歴史がある」というのを、そのままずっとぼくは意識してきました。……（中略）……ですから、「国民的歴史学」は、今でも続いていると自分では思っています。[注ii]

歴教協が「地域に根差す」という大会スローガンを掲げるようになったのは、一九七六年の名古屋大会からであるが、その背景には『石間をわるしぶき』で紹介された研究と実践をはじめとする、地域に分け入って地域の人たちと共に歴史を調べ学ぶ歴教協活動の展開があった。私が南山城（京都府南部）の地で、暴力非行の生徒たちと格闘しながら、まがりなりにも歴史研究を続けて来られたのは、『石間をわるしぶき』から学んできたからである。

（『歴史地理教育』二〇二三年二月号）

【注ii】「歴史教育体験を聞く　加藤文三先生」（『歴史教育史研究』第一三号、二〇一五年度所収）

二〇一五年九月一九日、集団的自衛権行使を認める安保法制が参議院で強行採決された。安倍政権による採決強行を前後して、安保法制に反対する市民運動が広がり、既存の市民運動の枠をはるかに超えるかたちで「市民連合」が各地で結成された。そのなかで「野党は共闘」の声が大きくなっていった。あれから六年、紆余曲折はありながらも、私も地元で市民連合に参加するようになった。

宇治橋西詰にある縣神社の大鳥居から三〇メートルほど歩いたところにある町家に、私の製作した「Rock House」の小さな木製看板がある。ここは京都六区市民連合の連絡場所、居住者は佐々木真由美宇治市議（無党派）。六区とは衆議院小選挙区京都六区のことであり、「市民と野党との共闘」をめざした市民派の人たちや日本共産党の府議会議員、立憲民主党の町議など、党派を超えてこの町家に集って来た。水道問題の専門家、世界放浪をしてきた青年、陶芸や裁縫に心を奪われている女性もいた。共通しているのは、今の日本の政治を変えたいという思いをもっていたことである。微力ではあるが、私もその一人だった。

「Rock House」に集うことで、岩波ジュニア新書『地球をこわさない生き方の本』（一九九〇年）を書いた槌田劭氏（京都精華大学名誉教授）、六〇年安保闘争を京大生として闘った新開純也氏（元製菓チェーン店タカラブネ社長）などに接し、新鮮な驚きを覚えた。二人とも宇治市に住んでおられた。労働運動畑が長かった私は、それまで市民派の人たちとの接点があまりなかったのである。

本書のなかで私は西本あつしの生きた一九五〇年代を立体的につかもうとした。「市民と野党との共闘」を強固にしていくためには、五〇年問題のより具体的な解明が必要になるからである。なお五〇年問題については、拙著『ケーキと革命〜タカラブネの時代とその後』（あけび書房、二〇二三年）をお読みいただければと思う。

「西本あつしがいた時代」　略年表

西暦	西本あつし関係	日本と世界の動き
1898	母・杉本竹寿生まれる	第１次大隈内閣（隈板内閣）成立
1921	竹寿、西本物部と結婚	原首相東京駅で刺殺され、内閣総辞職
1922	兄・精哉、大阪市清水谷で生まれる	1923　関東大震災で朝鮮人等虐殺
1925	あつし、高知県朝倉村で生まれる	男子普通選挙法・治安維持法成立
1928	父・物部死去。妹・三和が生まれる	第１回普選京都２区で山本宣治当選
1931	あつし、朝倉尋常小学校入学	満州事変
1936	小学校６年生の時、大野長一が担任となる	軍が2.26事件起こす
1939	あつし、朝倉尋常小学校高等科卒業	第２次世界大戦が始まる。
1945	あつし、徴兵により入営。兄、ワイゲオ島で戦死	太平洋戦争、独日の敗戦で終わる
	敗戦後、あつし幅員。母は銀行の独身寮の炊事係となり、妹・三和と住み込む	GHQによる日本占領 治安維持法無効に　日本の民主化開始
1946	鏡川学園開設 あつし、鏡川学園で「無頼派」と交わる	1947　日本国憲法施行 児童福祉法制定
1949	鏡川学園レッド・パージ事件	中華人民共和国成立
1950	祖母・與喜、死去	朝鮮戦争勃発
1951	あつし、日本山妙法寺に入る	サンフランシスコ条約・日米安保条約
1952	あつし、内灘闘争に参加	保安隊発足
1953	あつし、全日自労飯田橋分会で杉本瑞穂と活動	スターリン死去
1954	あつし、妙義闘争に参加	ビキニ被曝事件　自衛隊発足
1955	あつし、群馬の人々と交流（佐藤正二ら）	第１回原水爆禁止世界大会
1956	あつし、砂川闘争に参加。日本共産党六全協	国連総会日本の加盟を全会一致で可決
1957	あつし、藤井日達と第四回世界平和評議会に出席	第１次岸信介内閣成立
1958	あつし、平和行進を広島から始める（東京まで）	第２次岸信介内閣成
1959	あつし、平和行進を与論島から始める（広島まで）	日米安保条約改定阻止国民会議結成
1960	あつし、糖尿病のため群馬県前橋市協立病院に入院	1960　安保闘争が空前の規模に 岸信介内閣総辞職
1961	あつし、鈴木多美江と結婚。佐波郡東村に住む	テレビ契約1000万台突破
1962	あつし、伊勢崎で交通事故死（36歳）	

【主な参考文献等】


菊地定則編「平和の戦士　西本あつし氏追悼録」群馬平和評議会、一九六四年。

朝日ジャーナル編『日本の巨大組織』勁草書房、一九六六年。

菊地定則「群馬の平和運動」群馬県平和委員会、一九七一年。

光山松雄編著『あれから二十年・いばらの道は続くとも　教壇を追われた教師らの手記』上武大学出版会、一九七二年。

「特集　わが地方の進歩と革命の伝統（東日本編）」『前衛』一九七三年四月
山原健二郎『さるとび日記』あゆみ出版、一九七八年。

砂川ちよ『続　砂川　私の戦後史　ごまめのはぎしり』けやき出版、一九八六年。

砂川ちよ『砂川　私の戦後史　ごまめのはぎしり』けやき出版、一九八七年。

本庄晶『夢ありや夢あり』文理閣、一九八七年。

島内一夫『西本あつし覚書　ある平和運動家の生涯』土佐出版郷土文庫、一九八九年。

亀井文夫『たたかう映画　ドキュメンタリストの昭和史』岩波新書、一九八九年。

菊地定則『平和行進』一九九一年。

中沢正夫『からっ風村の健康戦争　保健婦西本多美江の体当たり半世紀』情報センター出版局、一九九二年。

菊池定則編「基地ハイラナイ　妙義米軍基地反対闘争勝利五〇年集いの記録」二〇〇七年。

小野寺慶吾『挑戦の人生』光陽出版社、二〇〇八年。

中東作蔵「私たち郷土を守れ！　妙義基地のたたかい　アメリカの基地設置を中止させた恩賀の運動　一九五三年から一九五五年」二〇一四年。

佐野眞一『唐牛伝　敗者の戦後漂流』小学館文庫、二〇一八年。

本庄豊『優生思想との決別　山本宣治と歴史に学ぶ』群青社、二〇一九年。

映画『どっこい生きてる』監督：今井正、一九五一年。

ドキュメンタリー「おかか達の革命　米軍砲弾射撃場をとめた」内灘闘争六五周年集会実行委員会、二〇一八年。

は

ひ

ふ

へ

ほ

け

こ

さ

し

か

き

く

索　引

おわりに

本書を執筆するきっかけになったのは、「はじめに」に書いたように、妙義山の千駄木遺跡（縄文時代の洞窟）前で撮影された一枚の写真だった。この写真がなければ、西本あつしに行きつくことはなかった。父・本庄晶と西本あつしの接点を教えてくれた久保田貢氏には、感謝の言葉しかない。

二〇一四年九月、伊勢崎多喜二祭に招かれ講演したが、講演がきっかけとなり島田誠二氏が『島田利夫詩集』を刊行された。島田氏はブログにこう書いている。

　来る九月七日、伊勢崎市で開かれる「第七回伊勢崎多喜二祭」で本庄豊氏が島田利夫について講演する予定です。本庄豊氏は島田利夫と一緒に活動し、その遺稿詩集『夜どおしいっぱい』刊行の中心となった故本庄晶氏のご子息です。

西本あつし、島田利夫、本庄晶をつなげたのが、妙義山米軍基地反対闘争だった。西本あつし追悼式で最後に挨拶した本庄晶の言葉は残っていないが、たぶんあの飄々とした風貌であつしとの恩賀での出会いを話したのであろう。最近、私の講演の感想に「飄々とした」という言葉が見られるようになった。

伊勢崎多喜二祭のときに、お世話になった長谷田直之氏と高橋二郎氏（大学の後輩）のご招待で、二〇二一年一二月、日本共産党群馬県後援会で講演した折、長谷田氏の案内で西本多美江の養女・宇津野ユキ氏宅に伺い、養父・西本あつしに関する資料をお借りすることができた。本書はこれらの資料をもとに書かれたものである。長谷田氏、高橋氏、宇津野氏に心よりお礼を言いたい。また、西本あつし関係資料、とりわけ『平和行進日記』を冊子にまとめられた菊地定則氏（故人）がいなければ、ここまで具体的に記述することはできなかった。菊地氏は父の盟友だった。

なお本書は、『高知民報』『新ぐんま』の連載に、『前衛』（二〇二三年六・七月号）に寄稿した論考に加筆して完成させたものである。四国と北関東、東京のメディアが連動するという意味では、今までにない執筆スタイルだった。各メディアの担当の方には、いろいろと無理な注文をしてしまった。連載のなかで誤記がわかっただけではなく、新発見の資料も読者より提供され、本書がますます豊かな内容になったのは有難かった。『高知民報』連載のきっかけをつくっていただいた「平和資料館・草の家」（高知市）の馴田正満さん、『高知民報』の中田宏さん、『前衛』の小野川禎彦さん、『新ぐんま』編集部の方がたにも感謝したい。

西本あつしが職員として勤務した、高知県立鏡川学園（現在の高知県立希望が丘学園）に所蔵されている写真には僧衣姿の西本あつしが写っており、研究を進めるヒントとなった。写真や資料を提供していただいた希望が丘学園にもお礼を言いたい。若くして亡くなったあつしの記録は圧倒的に少ない。しかし、写真ならば意外と見つけることができる。内灘闘争、妙義闘争、砂川闘争など一九五〇年代の米軍基地反対闘争については、写真記録も残されており、そのなかにいる西本あつしを探すことができた。また、日本山妙法寺関係の写真集のなかにもあつしはちゃんと存在した。

「戦争孤児」研究をともに進めてきた平井美津子氏には孤児院関係のアドバイスをたくさんもらった。本年（二〇二三年）一月に刊行した拙著『児童福祉の戦後史　孤児院から児童養護施設へ』（吉川弘文館）や、編集した『戦争孤児資料集成（関西編）』（不二出版）を支えていただいた平井氏ならびに「戦争孤児の戦後史研究会」運営委員の皆さん（浅井春夫さん・川満彰さん・水野喜代志さん）にもお礼を申し上げる。また「治安維持法研究会」（京都）の佐藤和夫さん（治安維持法犠牲者国家賠償要求同盟京都府本部会長）から、戦前戦後史研究について非常に大きな知的刺激を受けたことも付しておきたい。

コロナ禍におけるオンライン環境の整備もあり、二〇二二年度より歴史教育者協議会（歴教協）本部のお仕事を手伝うことになり、山田朗委員長（明治大学教授）をはじめとする歴教協の常任委員の皆さんとほぼ毎週モニタ上ではあるが「顔を合わせる」機会を得た。児童・生徒・学生たちと日々向き合い、ウクライナ戦争という現実のなか、戦争と平和についての歴史認識や非暴力平和主義の意味について議論する歴教協の仲間たちの姿にどれほど励まされたかは言葉に尽くせない。

群青社の編集者・中間重嘉さんからは、本書について次のような注文をもらっていた。

なぜ、一人で歩き始めたのか。運動論的常識からすれば大した効果も期待できない、目標もはっきりしないような行為に見える「行進」を始めるに至った彼の内面とは。なんの根拠もないが、私には彼が山頭火と重なる。無論、山頭火の「行乞」としての行脚は仏教的なものであったが、そのような選択自体、彼の人生観の反映であろう。西本は歩きながら何を感じ考えていたのだろう。人々とどんな言葉を交わしたのだろう。主観も交えて書いてもらえば、現在の若者にも響くものになるはずである。

西本あつしの生涯をできるだけ史料に基づいていきいきと叙述したつもりだが、至らない点などはご容赦いただきたい。本書は、私の歴史研究が戦後史に完全に移行したという意味で、記念碑的な作品となったと言えるかもしれない。

二〇二三年一〇月二一日　著者

著者略歴

本庄　豊（ほんじょう　ゆたか）

専門研究分野は近現代日本社会運動史、戦後社会史。1954年、群馬県碓氷郡松井田町（現・安中市）に生まれる。県立前橋高等学校を経て、東京都立大学卒。国家公務員、地方公務員勤務後、京都府で公立中学校や私立学校（立命館宇治中学校・高等学校）で社会科教員。定年退職後、一人親方「工房 DANBE」起業。現在、立命館大学・京都橘大学非常勤講師。社会文学会理事、歴史教育者協議会副委員長。主な著書に『ポランの広場―瓦解した「宮沢賢治の理想郷」』（かもがわ出版、2007年）、『テロルの時代～山宣暗殺者黒田保久二とその黒幕』（群青社、2009年）、『魯迅の愛した内山書店　上海雁ヶ音茶館物語』（かもがわ出版、2014年）、『戦争孤児　「駅の子」たちの思い』（新日本出版社、2016年）、『「明治一五〇年」に学んではいけないこと』（日本機関紙出版センター、2018年）、『児童福祉の戦後史　孤児院から児童養護施設へ』（吉川弘文館、2023年）など多数。

西本あつし
「平和行進」をはじめた男

2023年11月10日　初版発行

［著者］本庄　豊

［発行人］中間重嘉

［発行所］群青社
〒151-0064 東京都渋谷区上原3-25-3
電話03-6383-4005 FAX03-6383-4627

［発売］星雲社
〒112-0005 東京都文京区水道1-3-30
電話03-3868-3275 FAX03-3868-6588

［印刷所］モリモト印刷株式会社
〒162-0813 東京都新宿区東五軒町3-19
電話03-3268-6301 FAX03-3268-6306

ISBN978-4-434-32736-0 C0023
＊定価は表紙裏に表示してあります。